DIALOGUE

SUR LA VIE

ET SUR LA MORT

SUIVI DE QUELQUES MÉDITATIONS

SUR LES MÊMES SUJETS

PAR

CHARLES BONNEFON

(3ᵉ Edition)

PARIS

LIBRAIRIE FISCHBACHER

33, RUE DE SEINE, 33

—

1911

Hommage de l'Auteur

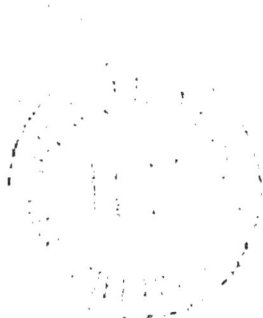

DIALOGUE

SUR LA VIE ET SUR LA MORT

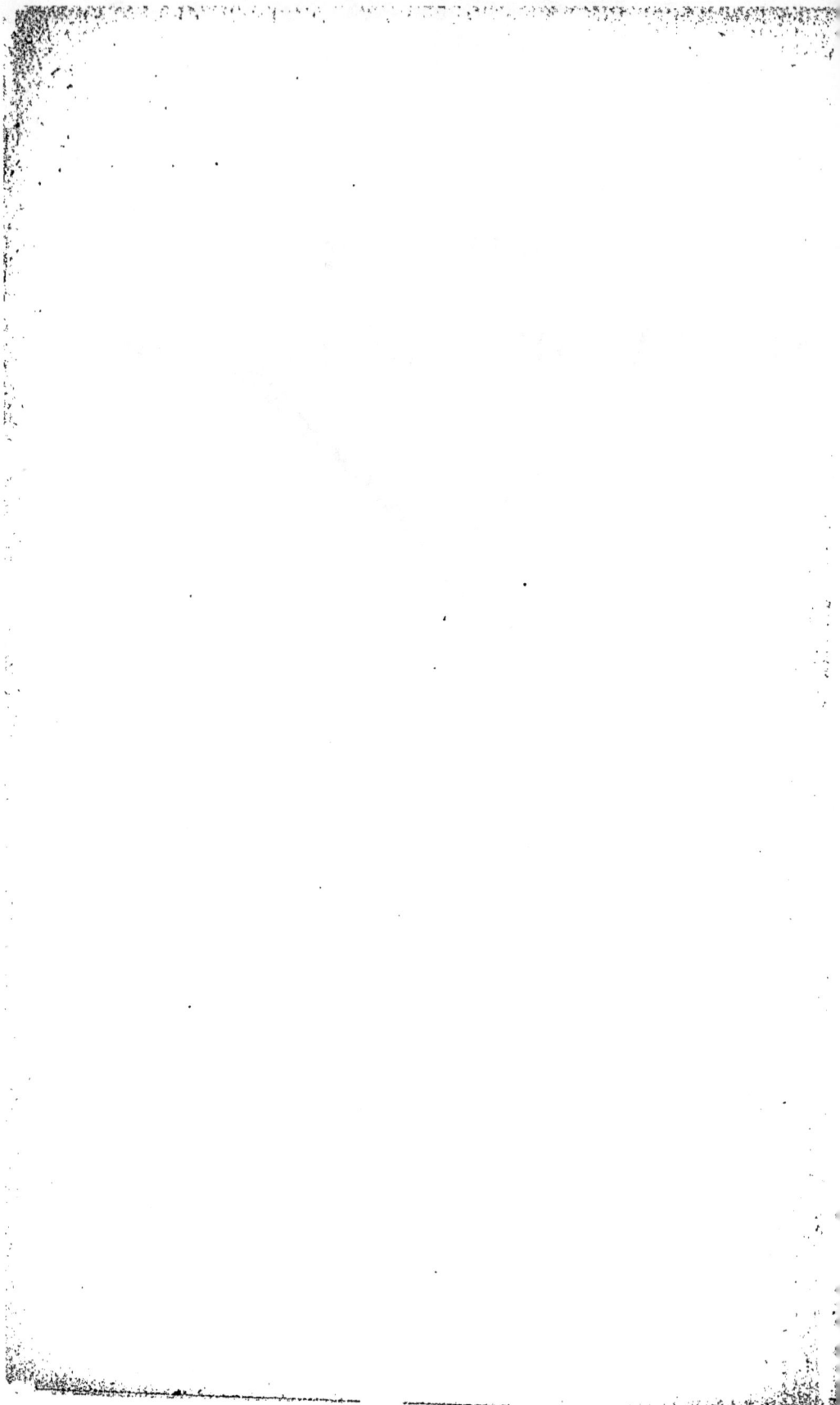

DIALOGUE

SUR LA VIE
ET SUR LA MORT

SUIVI DE QUELQUES MÉDITATIONS

SUR LES MÊMES SUJETS

PAR

CHARLES BONNEFON

(3ᵉ Édition)

PARIS

LIBRAIRIE FISCHBACHER

33, RUE DE SEINE, 33

—

1911

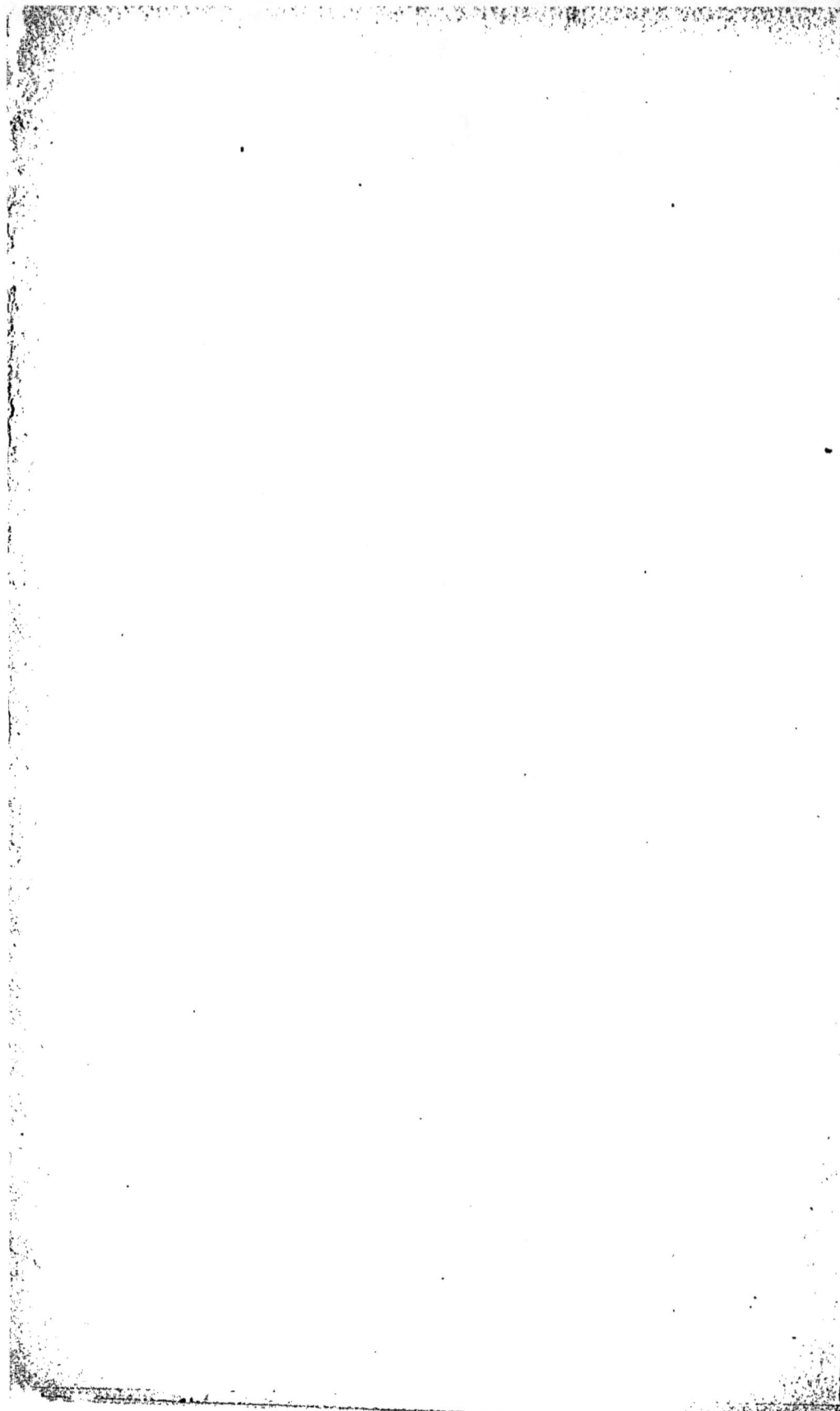

A tous les autres moi-même qui vivons, avons vécu, et vivrons, je dédie ces pages qui contiennent une raison nouvelle de vivre.

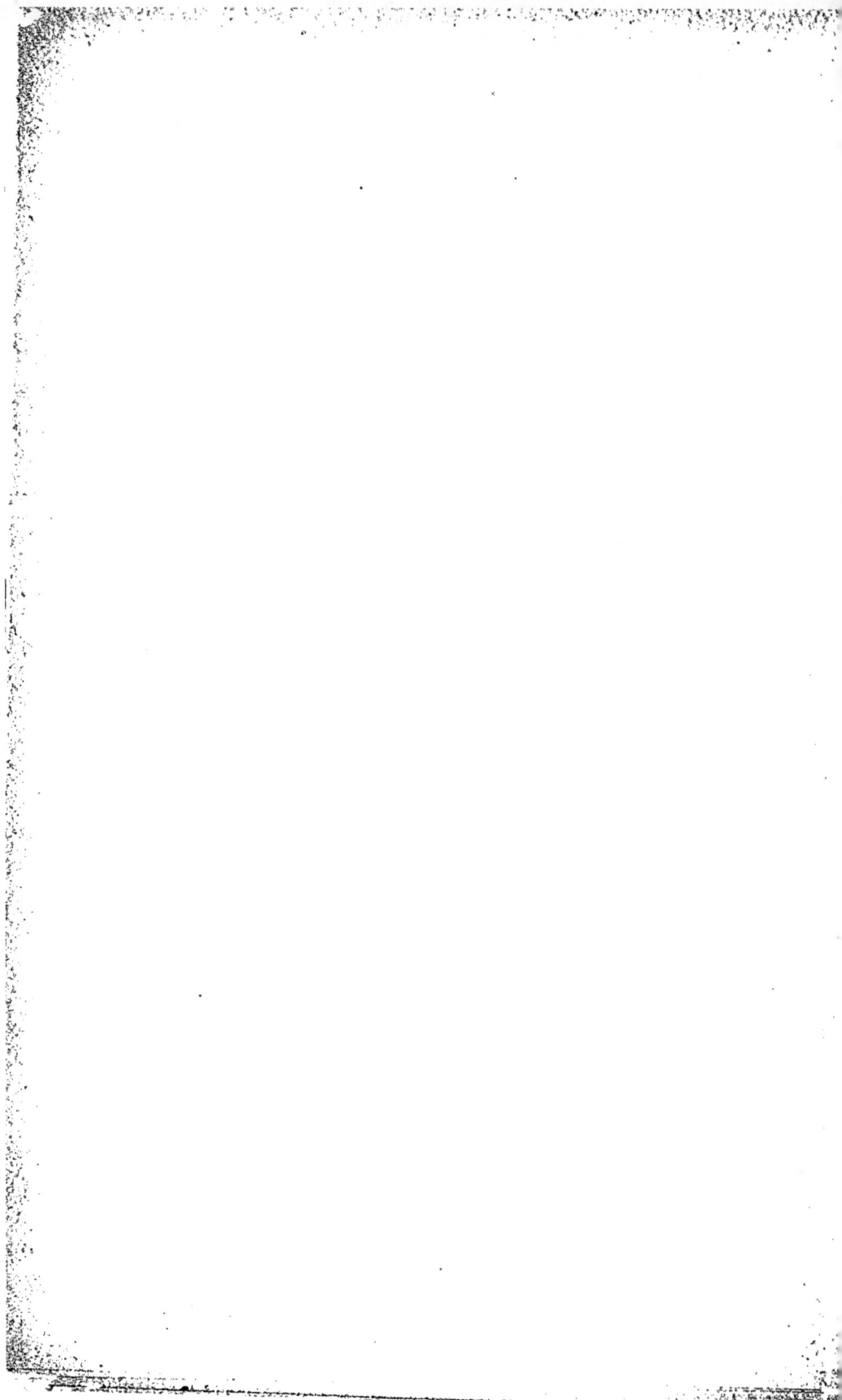

TABLE DES MATIÈRES

Pages

PRÉFACE........................... XI

PREMIÈRE PARTIE
Le domaine de l'évidence intérieure

I. SYNTHÈSE (construction de la raison nouvelle de vivre).

1) DIALOGUE SUR LA VIE ET LA MORT............. 1
    Dieu................................. 1
    L'immortalité........................ 6
    L'apparence de la naissance.......... 14
    L'individu........................... 18
    Le salut............................. 26
    Le problème du mal................... 33
    La liberté........................... 36
    Le devoir............................ 38
    Le sacrifice......................... 41
    L'art................................ 43
    Le culte............................. 51
2) LA GENÈSE DE MA DOCTRINE................... 56
3) LES TROIS VÉRITÉS.......................... 61

— x —

Pages

II. ANALYSE (vérification de la doctrine et ses rapports avec les doctrines qui l'ont précédée).

1) LA RELIGION CHRÉTIENNE ET LA RELIGION DE L'HUMANITÉ.................................... 64
2) LES PHILOSOPHIES ET LA VIE PENSANTE....... 68
3) LA PHILOSOPHIE DE LA VIE.................... 75
4) LA PSYCHOLOGIE DE LA VIE 78
5) LA PHILOSOPHIE DE L'HISTOIRE ET LA VIE...... 83

DEUXIÈME PARTIE

Le domaine des possibilités métaphysiques

1) LES HYPOTHÈSES DE LA SCIENCE ET CELLES DE LA FOI.. 87
2) MA MÉTAPHYSIQUE............................. 94
3) LE RÊVE POSSIBLE............................. 99

**

PARABOLES ET IMAGES SUR LA VIE ET LA MORT. 102
PENSÉES DÉTACHÉES SUR LA VIE ET LA MORT... 108

**

PRÉFACE

Ce petit livre n'est pas écrit à l'usage des croyants. A tous ceux qui ont une foi profonde et pure, jaillissant dans leur cœur comme une fontaine d'eau vive, je demanderais plutôt de ne pas l'ouvrir. Les symboles où ils se reposent avant de mourir contiennent aussi la vie éternelle.

C'est à ceux qui cherchent et qui s'effrayent, à ceux pour qui la vie n'a plus de but ni de sens, à ceux que l'idée de la mort flétrit et paralyse d'avance, que je viens, moi, qui ai passé par leurs angoisses, pour les secourir.

Je ne leur rapporte pas une hypothèse mais une certitude nouvelle. Il ne s'agit plus pour eux de croire mais de comprendre. Quand ils m'auront compris, ils seront consolés et n'erreront plus.

J'ai écarté de ce livre toute preuve scientifique, toute discussion philosophique. Ceux qui sont de plus grands savants que moi et qui

verront reluire la vérité à travers ces lignes
sauront leur indiquer mes appuis. Les traités
d'embryologie, les études sur les maladies de la
personnalité sont là, à la portée de toutes les
mains, et mes compagnons de pensée peuvent y
puiser des armes.

Un autre eût dit : « Mes disciples. » Loin de moi
la pensée orgueilleuse de m'ériger en maître. Il
ne saurait y avoir de maître dans ma religion. Les
idées qui flottaient un peu vagues dans des milliers de cerveaux, les soupirs, les désirs inexpri-
més, parmi les ruines des vieilles croyances,
je les ai repris et précisés en quelques formules
pleines d'amour. Je n'ai rien créé, rien inventé,
je ne suis pas fier de mon œuvre. Mais elle m'a
donné, au lendemain de déchirements intérieurs,
le repos, le calme, la joie tranquille qui sont
nécessaires à l'homme de bien, quand il marche
vers le tombeau. Voilà pourquoi je l'apporte à
mon tour à tous ceux qui doutent, à tous
ceux qui éprouvent, non la peur, mais le regret
de mourir.

Ma religion de la vie pensante, je l'aime trop
pour l'inféoder à un parti quelqu'il soit. Moi-
même je ne suis pas un adepte du dogme mar-
xiste, dans lequel l'erreur se mêle à la vérité et
qui, s'il était réalisé comme par magie, apporterait, comme toutes les choses trop doctrinales, le
mal en même temps que le bien à l'humanité souf-

frante. Et cependant, c'est vers les millions qui marchent sous les drapeaux socialistes, c'est vers la multitude des prolétaires incroyants que mon regard se dirige. C'est à eux surtout que je voudrais apporter le pain de vie plus précieux encore que le pain quotidien, parce qu'il est pétri d'espérances. Qu'ils écoutent ou qu'ils lisent ces quelques pages qui relient leur sort à celui de l'humanité.

*_**

PREMIÈRE PARTIE

LE DOMAINE DE L'ÉVIDENCE INTÉRIEURE

DIALOGUE SUR LA VIE ET SUR LA MORT

DIEU

Ils étaient tous deux assis sur une colline verte et veloutée qui dominait la plaine aux blés éclatants. En bas, la petite ville de Wœrth rassemblait ses maisons blanches, coiffées de toits aux larges bords, parmi les haies rouges. Quelques vaches marchaient, indolentes, le long des routes bordées par des cerisiers, aux talus parfumés par l'odeur des fraises. Et tandis que la Sauer, sans plis, sans reflets, sans murmures, s'endormait sous les herbages, au loin les collines rebondies luisaient, dans le crêpe lumineux des brouillards baignés de soleil.

Ils ne s'étaient pas vus depuis dix ans. Et voilà qu'ils se retrouvaient près de l'arbre de Mac-Mahon, devant ce champ de bataille en fête, ensanglanté de coquelicots, où la vie heureuse et paisible et cruelle couvrait les tombes de son sourire, devant cette plaine de mort et de vie, où les troupes de corbeaux seules peut-être se souvenaient.

*L'un Dietrich, l'Allemand, était devenu méde-
cin, socialiste, athée. Il écoutait, géant timide aux
yeux bleus, au teint clair et aux gestes lents.
Son compagnon aux joues creuses, aux yeux de
feu et aux mains nerveuses parlait sans cesse,
comme s'il avait voulu le convaincre au prix
de sa vie.*

*
* *

D. — Vous dites que vous avez trouvé la vérité. Après le Christ, après Kant, après Spinoza. Il n'est plus permis d'être aussi naïf.

R. — J'ai aperçu une nouvelle raison de
vivre et d'aimer. Mon système n'est pas une
croyance sans racines dans le passé, un dogme
inconnu, une métaphysique inexplorée. Il ne
demande aucun effort d'intelligence ou de volonté pour être admis. Il ne se heurte à aucune
des lois naturelles. C'est une conception de la
vie que des millions d'hommes ont pressentie ou
précisée avant moi et qui cependant n'a pas encore été formulée dans tous ses détails[1].

D. — Une religion?

R. — Une religion sans métaphysique qui ne
tient compte que des faits humains.

1. Le printemps survient. Et, par milliers, les bourgeons
nouveaux vont éclore, sur toutes les branches du m nde
pensant. Au moment même où l'on imprime ces lignes, prend
forme à Berlin un mouvement religieux, de rythme semblable,
sous l'impulsion de M. Johannès Müller.

Dieu existe-t-il à vos yeux? demanda Dietrich, avec un malicieux sourire.

R. — Dieu existe en nous et hors de nous. Comment pouvez-vous en douter, vous qui aimez tant Beethoven? Dieu en nous, c'est la vie supérieure. En dehors de nous, en dehors des hommes, c'est l'inconnaissable dont je n'ai pas à m'occuper.

Je ne puis l'adorer qu'en moi. Il ne peut me répondre qu'en langue humaine. A-t-il créé le monde? Je n'en sais rien, puisque, de propos délibéré, je ne veux pas faire de métaphysique. Mais Dieu existe et c'est *nous* qui n'existons pas.

D. — Admettez-vous l'efficacité de la prière?

R. — Le Dieu de Tolbiac, le Dieu des Allemands, des Français, des Juifs, le Vieillard à barbe blanche qui nous préserve des accidents d'omnibus, qui marie nos filles et qui, après nous avoir comblés de bénédictions nous envoie des épreuves, ce Dieu-là ne répond pas à nos prières parce qu'il n'existe pas.

D. — Alors, pourquoi chercher à prier ce Dieu que nous ne pouvons pas connaître et qui ne nous répond pas?

R. — La prière ne peut être qu'une forme de l'amour. Les grands savants, même les plus athées, passent leur vie à tendre leur volonté vers Dieu. Il existe des esprits qui s'entr'ouvrent vers

lui comme des corolles et reçoivent la rosée :
d'autres recueillent de la force en s'agenouil-
lant. Mais aucune de ces expériences n'est dé-
cisive et elles ne prouvent Dieu que pour les
croyants. Je les écarte sans les nier, car, pré-
cieuses pour qui les possède, elles ne peuvent
fournir une base de certitude.

* * *

Il reprit après un silence :
« Il y a quelque part, dit le croyant, un fleuve
vivant, d'amour, de beauté et d'intelligence ».
— « Je ne l'ai jamais aperçu » objecte l'incré-
dule. — « J'en ai bu quelques gouttes et ce fut
divin ! » — « Il ment ou il se trompe », mur-
mure l'autre.

C'est à ce dialogue que se réduisent toutes
les discussions sur la divinité.

* * *

*Le soleil emplissait la terre d'amour et faisait
vibrer tous les êtres. L'air, pailleté de feu, scin-
tillait ; chaque brin d'herbe luisant cachait un
insecte enivré. Au-dessus des blés frissonnants,
tournoyaient les papillons et les libellules tandis
que les grillons crissaient leur bonheur de
vivre. Sur le chemin, une paysanne riait à son
amoureux, sans oser lui prendre le bras, car
l'heure du travail n'était pas encore passée et*

sur les orges d'un vert laiteux, sur les blés fauves, sur les bois lointains et bleuâtres, passait le léger souffle de la vie épanouie, comme un frisson de plaisir.

Ils s'étaient levés, pensant à l'heure éphémère et charmante qui s'envolait. Un vent froid glacerait dans quelques mois cette ivresse, et cette belle nature exaltée s'endormirait pour l'hiver.

— C'est dommage que rien ne dure dit Dietrich; et Renault répondit :

— Tout est éternel.

⁎

L'IMMORTALITÉ

D. — L'âme peut-elle vivre sans le corps?

R. — Non, l'âme ne peut pas vivre sans le corps.

D. — Le corps peut-il vivre sans l'âme?

R. — Non, le corps ne peut pas vivre sans l'âme.

Ce qu'on appelle âme et corps est une unité vivante et indissoluble qui ne se sépare jamais.

D. — Et cependant la mort?

R. — La mort n'existe pas, pas plus que la naissance. Ce sont là des apparences. En réalité nous ne naissons pas et nous ne mourons pas.

D. — Ce que vous dites là n'est-il pas contraire au bon sens?

R. — Ce que je dis est la vérité que je vais essayer de vous faire comprendre. Un ongle coupé, une dent tombée, même un morceau de chair arraché, ne les considérez-vous pas comme absolument étrangers à vous-même, au bout d'une seconde, d'une minute ou de quelques jours? C'est qu'en effet, ils ont cessé de faire partie de l'union vivante et indissoluble dont je vous parlais tout à l'heure. Eh bien! votre cadavre, après la mort et pour cette même raison, est aussi étranger à vous-même que l'ongle, la dent ou la chair arrachée. Du moment où il est sans vie, il n'a pas plus de rapport avec votre être antérieur que le cadavre d'un autre homme ou la charogne d'un chien.

En vertu d'une illusion que vous reconnaîtrez avec moi, nous continuons à nous mettre sous cette défroque sans vie. Nous nous imaginons dans la tombe, sous les fleurs, sous l'herbe. Des matérialistes qui se croient esprits forts, aiment à rêver que des plantes vigoureuses jailliront de la pourriture et qu'ils auront ainsi récupéré une conscience obscure de l'être.

En réalité, il n'en est pas ainsi, vous le savez bien, et cette chose sans nom qui se décompose se trouve être absolument étrangère à notre être vivant et indissoluble.

D. — Mais alors, puisque l'âme ne peut pas se séparer du corps, il n'y a plus rien après la mort?

R. — Il n'y a ni corps ni âme, ni naissance ni mort; tout cela ce sont des abstractions ou des apparences. Il y a seulement une vie pensante qui ne peut naître ni mourir et dont nous sommes partie.

La source de toute vie mauvaise dans le monde et de toute erreur, c'est la croyance enracinée dans l'homme qu'il est un individu, qu'il est quelqu'un, qu'il est une personne. La vérité est celle-ci : comme la naissance, comme la mort, l'individualité est une apparence. *Je ne suis pas : Nous sommes*, ou mieux encore : *Il est en nous.*

D. — Mais qui prouve que ce que vous dites là est la vérité?

R. — La science. Rien de ce que nous possédons ne nous appartient. Notre corps, nous l'avons reçu de nos parents; nos idées, nos croyances, nous les empruntons à notre époque; nos instincts primordiaux, c'est l'humanité qui nous les a donnés; nos passions, nous les tenons de notre race ou de notre temps; nos vices, c'est le milieu, ou l'hérédité, ou les circonstances qui nous les ont enseignés. En vérité, en nous il n'y a presque rien de nous-mêmes.

D. — Presque rien, dites-vous?

R. — Sans doute, car le travail intellectuel et moral peut produire, avec ces éléments disparates, quelques combinaisons nouvelles. Un très grand penseur peut jeter dans le monde quatre ou cinq idées qui n'y étaient pas; un très grand savant peut faire quatre ou cinq découvertes. Un homme vertueux peut améliorer sa nature, à condition pourtant de trouver en elle les éléments nécessaires pour le combat moral. Mais toutes ces forces nouvelles, ou tous ces résultats brillants, par quel orgueil insensé voudraient-ils s'en arroger le mérite ou la propriété? S'ils ont créé quelque chose (et combien infime à côté de ce qui fut et de ce qui reste à trouver), c'est uniquement grâce aux qualités qu'ils tiennent de leur temps, de leur milieu, de leur race, de leurs ancêtres et de leurs parents.

Il n'y a donc en nous rien ou presque rien nous appartenant.

D. — Mais que deviendrons-nous alors après la mort?

R. — Cette question me prouve que vous ne m'avez pas encore compris. *Nous* ne deviendrons pas, puisque nous ne mourrons pas. Nous resterons ce que nous sommes : des hommes du xx° siècle. Ce n'est pas nous qui pensons : *il* pense en nous. Ce n'est pas nous qui aimons : *il* aime en nous. Notre sort est lié au sort de nos frères les hommes. Dans le spermatozoïde d'aujourd'hui et de demain il y a toute une pensée, toute une vie, toute une existence en germe. Et cette vie est la nôtre.

D. — Alors entrerons-nous dans le spermatozoïde de demain?

R. — Vous ne m'avez pas encore saisi, mon cher Dietrich. Il ne s'agit pas de *nous*, de *vous* ou de *moi*. « *Nous*, » nous n'existons pas comme individus, nous ne sommes pas nés et nous ne mourrons pas. Nous continuerons seulement à faire partie d'un tout qui ne peut pas mourir, de l'humanité pensante, où le sommeil coexiste avec la vie éveillée, où le conscient sort toujours de l'inconscient. Sans doute, l'humanité qui est en nous sommeillera encore des millions de fois dans le ventre maternel....

D. — Alors nous deviendrons constamment autres que nous-mêmes, nous renaîtrons comme des êtres différents?

R. — Dites plutôt que la pensée vivante ou la vie pensante que nous sommes se retrouvera immédiatement sous une forme analogue à celle qui fut notre origine et correspondante à notre être, dans le sein d'une femme fécondée. Rien ne se perd, rien ne se crée dans le monde. Dans notre toute petite humanité il y a peut-être un millier de combinaisons différentes au point de vue génital. J'exagère à dessein, et ceci n'est qu'une hypothèse à laquelle je reviendrai. Mais, pour le moment, la certitude essentielle dont il faut nous pénétrer, c'est que l'individu n'existe pas, et que la naissance et la mort sont des apparences.

D. — Pourrions-nous devenir des nègres ou des jaunes, nous Européens?

R. — C'est très improbable, pour la raison que je viens de vous expliquer. Le spermatozoïde d'un nègre ne doit pas être complètement semblable à celui d'un blanc, puisque, même quand l'enfant reçoit le sang d'une femme blanche, il naît d'une couleur foncée. Il nous faut rester d'accord avec la science. La nature ne procède pas par bonds. Et pas plus que la pensée vivante, union indissoluble de l'esprit avec le corps, ne pourrait continuer à vivre comme chou ou carotte, comme chien ou chat, l'humanité blanche dont nous faisons partie ne peut brusquement se transformer en humanité noire.

D. — Si deux cent mille hommes meurent d'un coup, comment trouveront-ils les ovaires nécessaires pour renaître immédiatement?

R. — Cette objection provient de ce que vous ne vous êtes pas débarrassé encore de l'idée que nous sommes des individus. Si des milliers d'hommes disparaissaient, ils n'en continueraient pas moins à vivre dans les dix ou vingt types d'embryons qui les représentent. Si tous les hommes mouraient, sauf cent ou mille femmes fécondées représentant tous les types, toutes les consciences humaines réapparaîtraient aussitôt que ces femmes enfanteraient. Car les deux cent mille, les dix millions, tous les hommes n'existent pas d'une façon absolue. Il n'y a que la pensée vivante qui existe sous leurs apparences passagères.

Et même si, de toute l'humanité actuelle, il
ne restait que deux embryons, l'un mâle et
l'autre femelle, ceci suffirait à notre immortalité,
puisque, après un très court instant de sommeil
dans l'éternité, le germe adéquat à notre conscience d'être se retrouverait au sein de l'humanité renaissante,

Et si un savant contestait qu'il puisse y avoir
deux embryons identiques, ou même semblables, tout en lui répondant qu'il s'avance
beaucoup pour un savant, je ne me laisserais
pas le moins du monde ébranler. Car si je
parle d'embryon, c'est pour rendre plus con-
crète ma pensée. Ce que je prétends, c'est que
ma conscience d'être, en ce qu'elle a d'essentiel,
n'a pas commencé et n'a pas fini avec cette vie.
Ce que j'affirme, c'est qu'en moi tout ce qui est
profond, instinctif, radical ne m'appartient pas,
mais est commun à l'humanité, et que tout
ce qui est accidentel en moi provient du
monde extérieur. En sorte qu'en moi, il n'y a
rien qui me soit propre et que tout dans le
monde serait malice, illusion, vanité et néant,
n'était la profonde réalité vivante qui me re-
donne un moi non plus individuel, mais humain,
comme une mer confiant à la goutte d'eau sa
raison d'être, son frémissement et sa vie.

Quant à l'embryon, il fixe en lui la conquête
de tout un effort collectif.

impossible à déterminer et par conséquent pour nous métaphysique, où de la combinaison naît une forme nouvelle dans laquelle, sans être jamais morte, continue à vivre la vie pensante, qui bientôt va ressortir de l'inconscient où elle sommeillait.

A l'instant où, pour parler le langage courant, nous mourons, à ce même instant, la vie pensante qui était en nous a trouvé une nouvelle forme, semblable à celle qui provoqua notre naissance antérieure, ou, dans le cas tout à fait exceptionnel où nous aurions changé complètement de conscience d'être, une forme adéquate à ce changement.

Entre l'individu d'hier et celui d'aujourd'hui il y a un intervalle d'absolue inconscience. Mais la vie pensante, dont il nous est impossible de nous détacher et même de nous abstraire, continue à couler à pleins bords dans des millions et des millions d'existences, nous donnant ainsi la preuve de notre immortalité.

Car ce *nous* que j'ai renié jusqu'à présent, je puis le reprendre : du moment où l'embryon a reçu une goutte de sang de la mère, il paraît, dans une certaine mesure, individuel.

Mais c'est le non-moi qui crée l'apparence de son moi.

Plus tard, il pourra se produire, il se produira même certainement ce fait paradoxal que, parmi nos contemporains, il en sera d'infiniment plus semblables que nous-mêmes à ce que nous étions dans notre vie antérieure. Car, partis d'une origine identique, ils auront subi une hérédité, un milieu, une éducation, une condition sociale, semblables ou analogues à celles de notre vie antérieure, différentes de celles auxquelles nous allons être soumis.

Lorsque nous viendrons au monde nous serons, du fait du sang maternel, des êtres dissemblables (mais si peu !) de ce que nous avons été dans une vie antérieure ; et avant même que nous ayons pris conscience de la vie pensante, cette différence, chaque jour de notre vie l'accentuera.

D. — En quoi cette doctrine diffère-t-elle de la métempsycose ?

R. — La métempsycose est une idée poétique mais enfantine qui repose sur l'erreur fondamentale commune à presque tous les hommes et par suite à presque toutes les religions. Elle met notre moi (qui n'existe pas en réalité) sous toutes choses et dans tous les êtres : par exemple, elle fait renaître un homme méchant dans le corps d'un singe en sorte qu'il y a dans ce corps non seulement le singe mais encore l'homme méchant ; une doctrine d'accord avec la science ne peut pas admettre de pareils écarts qui nulle part ne se rencontrent dans la nature,

et la vérité c'est que nous continuons
à vivre sous une forme différente, il est
vrai, de notre forme antérieure, mais en partant
d'un germe impliquant cette continuation de
conscience. Dans la vie pensante, la matière et
la pensée sont indissolublement unies. L'une ne
peut se concevoir sans l'autre. L'une ne peut être
séparée de l'autre, et toutes deux ne peuvent pas
cesser d'exister. Un individu meurt : un autre
individu lui succède. A première vue, il n'y a
aucun rapport entre le premier et le second;
mais en réalité c'est la même vie pensante qui
se continue de l'un à l'autre, après un intervalle
d'inconscience ou de mort apparente comme la
mort de l'hiver, comme la mort du sommeil.

D. — Vous disiez tout à l'heure que l'individu n'existait pas et maintenant vous parlez
de l'individu qui meurt et de celui qui lui succède. Comment expliquer cette contradiction?

R. — Elle s'explique par ce fait que l'individu n'est qu'une apparence et qu'en lui la
réalité véritable est la vie de l'humanité. Si je
dis qu'un individu succède à un individu, j'en-
tends par là qu'une apparence succède à une
autre apparence mais que le fonds vital et
pensant reste le même. Ce fonds vital, cette
pensée vivante est ce qu'on a l'habitude d'appeler *moi*.

*
* *

L'INDIVIDU

D. — Voudriez-vous prétendre que tous les hommes ont un moi identique ?

R. — Il y a certainement quelques nuances entre les races que nous ne pouvons pas, dans l'état de la science, fixer. Mais tous les hommes appartenant au même type d'embryon ont en effet un moi identique.

D. — Mais il y a des hommes heureux et des hommes malheureux ?

R. — Ceci tient au cours de leur vie et aux habitudes qu'ils ont contractées. D'ailleurs le même homme qui est malheureux par suite d'ambitions déçues, d'amour incompris ou de maladies, a pu avoir une jeunesse ou une enfance adorables. Ni le bonheur ni le malheur ne sont essentiels à notre moi. Un ivrogne, un joueur, un ambitieux qui se corrigent deviennent la plupart du temps heureux en se délivrant du frein étranger.

D. — Il y a des hommes intelligents et des hommes bêtes ?

R. — Sans doute, mais quand ils jouaient aux

billes la différence paraissait bien moins accentuée. Un enfant éveillé se transforme souvent en homme médiocre. Un cancre dont on ne pouvait rien tirer au collège s'épanouit parfois en un magnifique artiste. Devenus vieux, le plus grand poète, le savant aux découvertes géniales s'affaissent parfois dans le gâtisme, perdent presque toujours une partie de leur force créatrice. Mais en eux l'idée du moi ne s'affaiblit guère. Le degré d'intelligence n'est donc pas essentiel au moi.

D. — Mais entre le génie et l'idiot la différence est énorme.

R. — Sans doute, et il est probable, à moins d'un accident qui ait provoqué l'idiotie, qu'ils appartiennent à deux types embryonnaires différents.

N'oubliez pas toutefois que l'intelligence se répartit avec de plus en plus d'équité entre les hommes. Les distances s'effacent. Tel de nos professeurs de collège possède une tête philosophique aussi bien organisée que celle de Platon. Tel de nos romanciers absolument inconnu passerait pour un génie s'il avait écrit dans l'antiquité.

D. — Nierez-vous qu'il y ait des hommes bons et des hommes méchants, des hommes honnêtes et des hommes malhonnêtes?

R. — Je m'en garderais. La bonté et la

méchanceté sont des habitudes que l'on prend et que l'on garde. Nous en parlerons plus tard, voulez-vous? Au point de vue qui nous occupe à présent, c'est-à-dire au point de vue du *moi*, il faut remarquer que, le plus souvent, l'immense majorité des hommes est à la fois bonne et méchante. L'un aime ses enfants et hait ses créanciers; l'autre adore ses parents et poursuit ses adversaires politiques. La nature est plus complexe que nos théories. Vous vous souvenez combien les romantiques ont créé de types faux et sans vie, en les imaginant tout d'une pièce et comme des incarnations du bien et du mal. On ne naît pas saint; on le devient parfois, à force de discipline et de volonté.

La conversion, dont parlent les gens religieux, change la direction de notre moi, transforme nos sentiments, nos actions et nos habitudes. Mais pourrait-il prétendre, le mystique le plus exalté, qu'en se transformant ainsi par la volonté de Dieu, il n'a plus conscience de son moi de jadis, qu'il lui est absolument étranger? Non. Il sait bien qu'il ne se trouve nullement, par le fait de sa conversion, à l'abri des tentations et des chutes. De son moi mauvais, il pense que Dieu a fait un moi excellent; mais le bien et le mal ne sont que des attributs, des qualités ou des défauts et ne constituent pas l'essence du moi lui-même.

Pour connaître la vérité en cette matière, ce n'est pas en nous-mêmes qu'il faut regarder, car nous serions pipés et dupés par cette conscience permanente de la vie pensante qui fait l'essence de notre moi. Nous porterons donc nos regards sur les autres et nous conclucrons que de dix en dix ans ils se sont transformés, d'une façon évidente, aussi bien au point de vue physique qu'intellectuel et moral.

Le moi dont nous avons immédiatement conscience, qui donne l'unité à notre vie, qui nous fait dire *Je*, c'est donc précisément ce que nous avons en nous de moins « individuel, » ce qui nous appartient le moins en propre, ce qui relève du domaine de l'humanité.

Tous les hommes (en tenant compte de quelques différences de types) ont le même *moi*, et ce moi n'est que la conscience en nous de la vie pensante, commune à toute l'humanité.

Et c'est pourtant ce moi, vie pensante de l'humanité qui veut, qui aime et qui souffre dans ma forme, c'est ce moi, apanage de tous, qui forge les *individus*, c'est-à-dire les êtres humains qui ressemblent le moins au troupeau, à la plèbe, à la grande masse. Si bien, que pour devenir un grand homme, il faut plonger aux sources mêmes de la vie pensante et mettre en action ce que tous possèdent.

Je donnerai quelques exemples : un homme

d'intelligence moyenne peut arriver à comprendre une doctrine. Pour qu'il en fasse jaillir des conséquences nouvelles, il faut qu'il s'y attache avec son corps aussi bien qu'avec sa pensée, qu'il la chérisse, qu'il la veuille avec force, qu'il l'inocule dans son sang et dans sa chair. Une pensée non aimée ne sera jamais féconde. Qu'il soit savant, philosophe ou littérateur, seuls l'amour et la volonté conduiront le penseur à la création joyeuse. Les forces intelligentes de l'inconscient lui sont nécessaires pour déterminer l'éclair de génie. Poète, c'est aux sources les plus profondes, les plus mystérieuses de sa sensibilité qu'il trouvera sans effort ses inspirations les plus hautes. Avec cette volonté et cet amour travaillant dans le monde extérieur, le grand homme acquerra ainsi jour par jour un patrimoine intellectuel qui sera à lui, rien qu'à lui. Tous les éléments qui composent son domaine, il les aura sans doute arrachés, pièce à pièce, au spectacle du dehors; mais la synthèse d'où jaillit le nouveau, l'inattendu, la découverte, c'est dans son moi le plus secret c'est-à-dire dans la vie pensante commune à toute l'humanité qu'elle plonge.

Tous les hommes ont le même moi essentiel : c'est ce moi discipliné par la méthode, travaillant dans le monde extérieur qui crée les génies; ceux-ci n'ont pour unique propriété que leurs œuvres, et ce sont elles seules qui leur restent, quand la vieillesse en flétrissant leur corps vient paralyser leur pensée.

D. — Mais alors pourquoi tous les hommes d'intelligence normale ne sont-ils pas des hommes supérieurs ?

R. — Ceci tient aux conditions sociales et aux métiers qu'ils ont été forcés de choisir pour vivre. Un ouvrier, un bureaucrate, un salarié arrivent rarement à développer toutes les énergies intellectuelles qui sont en eux. Chez les riches au contraire, ce sont les plaisirs et le luxe qui empêchent l'essor de la pensée et la création féconde. Enfin parmi le petit nombre de ceux qui se trouvent dans les conditions requises, beaucoup manquent leur voie. Tel, d'une sensibilité exquise, est rejeté par la vie dans les sciences exactes : il contenait, en puissance, de belles œuvres littéraires ; les circonstances l'ont créé ingénieur médiocre, médecin quelconque, avocat sans subtilité.

Cette restriction faite, j'admets que, même en tenant compte des changements produits par l'éducation, par le milieu, par le cours de la vie, par le sang de la mère, il y a différents types d'embryon, et que de cette différence primordiale dépendra, en quelque mesure, le développement futur de l'homme.

Il n'en reste pas moins vrai que dans les

actes fondamentaux de l'existence, ce n'est pas nous qui pensons, qui voulons et qui aimons mais l'humanité qui pense, qui veut et aime en nous.

D. — D'où vient alors qu'il y a des hommes qui agissent bien et des hommes qui agissent mal?

R. — Il existe d'abord la catégorie des criminels-nés qui appartiennent évidemment à un des types d'embryon que l'on peut appeler retardataires. Ils font partie de l'humanité passée, encore plus que de l'humanité présente. Comme retardataires ils seraient évidemment voués à la mort. Toutefois le stigmate qu'ils portent en eux n'est peut-être pas ineffaçable. Pendant des siècles, ils resteront au bord du crime, mais de plus en plus atténués et bonifiés par la vie, en sorte qu'il est possible que par une évolution lente ils arrivent à être transformés en embryons supérieurs. Le type du criminel-né est d'ailleurs très rare.

L'homme normal agit bien ou mal, suivant qu'il agit comme partie de l'humanité ou comme individu. L'illusion qui nous fait croire que nous sommes des êtres personnels, distincts du reste de l'humanité, est à la base de tous nos vices. Elle est la source de l'égoïsme qui poursuit aux dépens des autres nous-mêmes, des buts intéressés, et celle de l'orgueil qui nous excite à croire que nous avons un mérite quelconque à être ce que nous sommes.

La règle posée par Kant me paraît absolument vraie : « Il faut agir de telle façon que notre action puisse être prise comme règle universelle. » Elle n'a que le défaut d'être vague et sans contenu. La doctrine nouvelle lui en donne un.

Et de même, la psychologie religieuse, si profonde dans son étroitesse, vient appuyer de son autorité notre principe : « *Il faut que Christ vive en nous*. Il faut tuer le vieil homme. Quiconque aime sa vie la perdra. »

Tous ces préceptes coïncident avec notre règle unique. Il nous faut vivre non comme des individus que nous ne sommes pas en réalité, mais comme parties de l'humanité pensante.

Aimer Dieu de tout son cœur, de toute son âme et de toute sa pensée, c'est, puisque nous ne pouvons le connaître que sous forme humaine, aimer de tout son cœur, de toute son âme l'humanité parfaite, idéale, divine et tendre de toutes nos forces à la perfection vivante.

Aimer notre prochain comme nous-mêmes (et non pas plus que nous-mêmes) c'est encore nous aimer nous-mêmes, puisque, entre notre prochain et nous, il n'y a plus que des différences accidentelles et que nous serons demain ce prochain auquel notre égoïsme méchant cherchait à nuire.

LE SALUT

Sur le bord de la route, une église en briques rouges dressait son clocher carré. Une femme en deuil en sortit, à l'allure frileuse et étriquée des dévotes meurtries par la vie et qui se sont serrées près de Dieu comme des oiseaux en hiver.

— C'est encore le grand refuge, dit Renault, le refuge pour tous ceux qui sentent, rêvent et croient sans raisonner. Pourquoi faut-il que nous ayons appris à penser? Il serait si doux d'entrer là et de s'abîmer sur les dalles froides et d'y laisser son fardeau.

— C'est le marché où l'on vend de l'espoir aux naïfs, repartit Dietrich, soudain très amer.

Il reprit, un peu ironique car ce retour au passé l'avait mis en défiance :

L'homme bon et l'homme méchant seront-ils récompensés ou punis?

*✲
✲✲*

R. — L'homme bon et l'homme méchant n'étant pas des individus ne peuvent pas être récompensés ou punis individuellement.

D. — Il n'y a alors ni Ciel, ni Enfer, ni salut individuel?

R. — Non, il n'y a ni Ciel ni Enfer, ni salut individuel, sauf peut-être pour une élite.

D. — Pourquoi cette restriction?

R. — De même que de la catégorie des criminels-nés, on peut, si l'on se trouve sur l'extrême limite, passer dans celle des hommes
normaux, de même, il est possible que quelques
génies ou quelques saints arrivent à l'extrême
limite humaine et continuent à vivre tout natu-
rellement, en partant d'un embryon approprié
à leur être, dans un autre monde que la terre.
Je dis : c'est possible, sans insister, car cette
idée est métaphysique. Mais l'immense majorité
des hommes reste humaine et pour elle, il n'y a
ni Ciel ni Enfer, ni salut individuel.

D. — Comment cela?

R. — Ce n'est pas nous qui vivons mais
l'humanité qui vit en nous. Elle ne peut ni
mourir ni naître.

D. — Cette croyance n'est-elle pas dure et
désolante?

R. — Elle est au contraire juste et conso-
lante. Elle est juste, car nous ne faisons que
continuer à recevoir ce qui nous est dû, ni plus,
ni moins. Une éternité de bonheur pour un
instant de sagesse; peut-on rêver quelque
chose de plus absurde? Une éternité de malheur
pour un moment de folie, est-il possible d'imaginer quelque chose de plus odieux? A la grande

loterie où les bons numéros sont rares, nous sub-
stituons la répartition non pas équitable mais
mathématique, suivant nos mérites. En effet,
dans notre doctrine, l'être humain ne cesse jamais de vivre, mais continue à vivre dans l'humanité, tel qu'il a été. Il n'y a ni récompense ni
punition, mais, par un phénomène naturel,
l'être, après l'apparence de la mort, persévère
dans son être.

D. — Mais alors, abstraction faite du bonheur qu'il nous procure dans cette vie, l'effort
moral est dépensé en pure perte?

R. — Non; mais n'étant pas individuel, il est
profitable à l'humanité tout entière et non à
l'individu qui n'existe pas. Quant aux circonstances qui proviennent du hasard, elles dis-
paraîtront avec la vie qu'elles accompagnent.
Le riche renaîtra pauvre, le roi renaîtra paysan,
ou plutôt l'humanité qui est dans le riche
comme dans le pauvre, dans le roi comme dans
le paysan, continuera sa route éternelle, et
avec des alternances diverses nous ferons partie
de son sort. Car *nous* c'est Elle, et Elle c'est nous.

D. — Mais il viendra une heure où l'humanité, elle aussi, cessera de vivre?

R. — Ceci dépend de l'humanité. Il y a
dans l'infini des myriades de planètes habitées.
Si l'humanité s'élève graduellement au-dessus
d'elle-même, qui nous dit, qu'au moment de

mourir, le dernier homme qui contiendra en lui
tous les hommes ne sera pas arrivé à l'humanité
supérieure telle qu'elle existe quelque autre
part, dans le Ciel? J'ai déjà fait une exception
pour quelques saints ou quelques génies dont
l'effort sublime semble devancer les siècles et
qui peuvent peut-être réussir à gravir un échelon
supérieur de l'être. Pourquoi cette ascension,
l'humanité au bout de sa course ne l'aurait-elle
pas accomplie? Tous solidaires, nous recueille-
rons tous peu à peu les fruits de nos efforts.

D. — Notre salut est donc lié, suivant vous,
au salut de nos frères?

R. — Oui, car rien de ce que nous croyons
posséder ne nous appartient en propre. Des
siècles d'hérédité pèsent sur nous et ont façonné
notre être. Notre embryon contenait déjà
presque toutes nos puissances en germe. Et
même si, par l'effort, nous avons réussi à fertili-
ser un sol ingrat, à transformer notre vie intérieure, à dompter nos mauvais penchants, cet
effort, conditionné, nécessité soit par le hasard
qu'on appelle grâce divine, soit par le milieu,
soit par les éléments secrets qui dormaient au
fond de nous-mêmes, soit par la vérité révélée
dans des livres saints, cet effort, il n'est que
juste qu'il revienne à toute l'humanité qui en
est la mère et nous le rendra au centuple. Est il
une folie plus égoïste que celle de ce bourgeois

qui se croit sauvé parce qu'il va à la messe ou au temple, qui s'imagine être l'objet d'une faveur spéciale de Dieu, et qui accepte, d'un cœur léger et en remerciant Dieu de cette injustice criante, d'entrer de plain-pied chez les bien-heureux, malgré ses vilaines imperfections, tandis que la grande, l'immense foule païenne ou aveuglée, qui n'a point été dorlotée et cajolée dans les pratiques de la religion, qui geint et peine et s'abrutit sous le harnais du travail tuant la pensée, s'engouffrera vers l'Enfer ou le Purgatoire, pour payer par des souffrances, une ignorance ou une indifférence qui n'avaient rien de coupable?

D. — Mais cette doctrine d'un monstrueux égoïsme n'est-elle pas celle du Christ que vous vénérez?

R. — Nous ne connaissons la doctrine du Christ que par ses disciples. Or ceux-ci croyaient, et de toute leur âme, à la venue prochaine du jugement dernier. Ils s'imaginaient revoir le Sauveur sur la terre et s'attendaient à la fin du monde. Cette erreur qui n'a rien de choquant au point de vue moral explique et justifie leurs idées sur le salut individuel. Ils voulaient convertir le plus grand nombre d'hommes pour le jour du jugement. De plus, en contact direct avec un être qui leur semblait vraiment divin, purifiés par son exemple et par la flamme de son sacrifice ils faisaient peut-être partie de cette élite qui, par un effort surhumain, s'élève au-dessus de la terre et renaît dans un autre ciel. Rien d'ailleurs n'est moins certain. Le Christ lui-même n'avait-il pas dit : « Il y aura beaucoup d'appelés mais peu d'élus. » N'avait-il pas dit : « Que faites-vous d'extraordinaire? » à ces hommes qui cependant nous dépassent tous, en fait de hauteur morale. En tout cas, cette doctrine, seulement tragique chez les apôtres qui croyaient la fin du monde imminente et pêchaient fiévreusement les âmes encore à sauver, est devenue d'une dureté inouïe à travers les siècles. L'Eglise catholique a alors imaginé de faciliter le salut à tous les candidats à la damnation éternelle, en distribuant elle-même les moyens de grâce et en particulier l'absolution des péchés. Le protestantisme, de son côté, a trouvé dans saint Paul le salut par grâce, par élection spéciale de Dieu, et les multitudes, sans se dire que saint Paul lui aussi croyait à la fin prochaine du monde, se sont ruées, par peur de la mort et par besoin de sécurité, dans ces croyances qui n'étaient point les primitives et qui sont devenues, dans la suite, d'une injustice monstrueuse. « Je suis sauvé, » s'est écrié un chacun, en laissant tranquillement damner ses semblables.

Eh bien non! nos péchés ne sont pas lavés

par un sacrifice magique puisqu'ils continuent à peser lourdement sur l'humanité entière. Réfléchissez : le séducteur converti entre dans le ciel, mais la fille séduite s'en va au trottoir, et l'enfant qu'elle a devient assassin. Et le séducteur, qui au Ciel participe de toute la science divine, suit des yeux les traces de sa faute, voit le mal qu'il a semé germer dans le monde! En vérité ce ciel-là, il est peuplé de démons sans cœur et sans foi, ou bien alors il est un enfer où le remords est d'autant plus cuisant que la perfection survenue miraculeusement est plus grande.

Non! non! n'espérons pas nous soustraire à l'humanité. Son sort est le nôtre. Elle nous a tout donné de nous-mêmes : nous devons tout lui rendre et semer le bien avec d'autant plus de joie que pendant des siècles peut-être nous ne le récolterons pas.

D. — Je suis de votre avis. Les chrétiens, s'ils réclamaient âprement une éternité de bonheur pour prix d'un effort, la plupart du temps chétif et toujours nécessité et qui dure quelques secondes, ne pourraient que compromettre une foi dont le plus beau fleuron est le sacrifice. Mais le problème du mal?

***

LE PROBLÈME DU MAL

R. — Il est singulièrement simplifié.

D. — Comment cela ?

R. — La mort n'est qu'une apparence. La douleur n'est qu'un instant dans l'éternité. Les joies de l'enfance succèdent sans cesse aux chagrins de la vieillesse, la maladie qui nous ronge laisse place à un jaillissement nouveau de santé. La vie pensante fatiguée se retrempe dans la mort comme dans un sommeil salutaire, pour s'épanouir aussitôt sous une forme nouvelle.

Seul, le mal social subsiste tout entier, le mal créé par l'injustice des hommes. Ah! je comprends qu'ils n'aiment point ma doctrine, les heureux de ce monde, qui n'ont eu que la peine de naître. Car l'humanité qui forme leur moi plus tard retrouvera sans effort et par le procédé le plus naturel le type d'embryon qui résume leur conscience d'être dépouillée des accidents et des contingences. Et cet embryon, il se trouve peut-être dans le ventre d'une femme pauvre.

Mais quoi! Ce que n'ont pu accomplir les su-

blimes enseignements des saints et les promesses
de vie éternelle, qui vous dit que la vérité nouvelle appuyée sur la masse formidable des malheureux, un jour, ne le réalisera pas? Il faut,
par égoïsme, abattre les murs de la prison qui
nous ravit le bonheur, déchirer et déchique-
ter toutes les entraves. Le travail excessif
qui abrutit, au lieu d'ennoblir, il le faut extir-
per du monde. Contre tout luxe qui cause
de la misère dégradante, il faut s'acharner.
Puisque le Ciel n'est pas donné tout de suite,
aux riches même pieux, puisqu'ils sont partie
de l'humanité souffrante et condamnés, par
avance, à goûter l'amertume réservée aux
déshérités, qu'ils prennent une hache pour
saper l'édifice social qui les oppressera à
leur tour. Ce n'est pas le Ciel qui vous
attend, leur dirons-nous, mais c'est l'Enfer
sur la terre, si vous n'éteignez pas d'avance
les flammes prêtes à vous dévorer. Ce n'est
pas seulement la misère et ses tortures, et la
prostitution de vos filles, et la consomption de
vos femmes, c'est le vice même jaillissant du
travail exagéré, comme d'un mauvais terroir qui
vous guettent. En vérité, je vous le dis, nous
ne sommes que les privilégiés d'un instant.

. Et c'est en vain que par intérêt personnel
on essaierait de repousser cette idée; elle
peut vous suivre, malgré vos efforts. Mais le

jour où vous serez convaincus qu'on ne ga_gne pas à si bon marché une éternité de bonheur, vous prendrez la résolution virile de travailler de toutes vos forces au salut de l'humanité.

Et vous, les malheureux auxquels Christ a promis le ciel, fermes dans vos revendications, justement acharnés à vous soustraire au sort de bétail humain, préoccupés d'assurer plutôt à vos fils qu'à vous-mêmes les conditions de vie nécessaires à leur dignité, vous n'abuserez pas de votre victoire. Ne décapitez pas l'élite dans laquelle l'humanité prend conscience d'elle-même; n'ébranlez pas la famille où s'alimentent les énergies, et, sous prétexte d'une égalité niveleuse, ne déracinez pas la liberté.

Aristocrates et prolétaires doivent se conformer à la loi du devoir, dont Kant vous a donné la formule, dont la doctrine nouvelle vous enseigne le contenu.

Renault s'était animé, arrachant d'un geste brusque et machinal les rejetons de hêtres poussés le long de la route. Dietrich l'écoutait intéressé, captivé. Et il songeait aux masses obscures, aux foules immenses qui attendent tout de l'avenir et non pas seulement la sécurité du pain quotidien.

***

LA LIBERTÉ

R. — Je comparerais volontiers l'être humain à une automobile guidée par un homme. Est-elle libre d'aller à droite ou à gauche, de choisir une route, de marcher vers un but? En apparence. Mais il y a le caillou, la panne, la culbute.

Quand un accident arrive, n'est-il pas vrai, qu'après coup, on croit souvent qu'on aurait pu l'éviter? Ah! si j'avais donné un vigoureux coup à droite!... Mais ceci est une illusion.

Ce que nous pouvons obtenir, en vue de la course à tenter, c'est une bonne et vigoureuse machine : par l'hygiène, par la gymnastique, chacun de nous doit durcir ses muscles et tremper ses nerfs. Et puis, il faut nous exercer à conduire, en profitant de l'expérience acquise, en recherchant les leçons des maîtres. Par là, nous pourrons croire être libres, puisque nous atteindrons souvent le but proposé. Mais si l'obstacle imprévu se dresse, au tournant, si l'ennemi arrive en trombe, il y a des chances pour que notre liberté vole en morceaux.

Dans notre conception de la vie, la liberté « individuelle » n'a plus une très grande importance. Elle doit consister avant tout à nous cultiver, à nous embellir en vue de l'humanité : cette liberté de la méditation et de l'effort réfléchi est subordonnée à des conditions sociales particulièrement heureuses.

L'ouvrier qui peine pendant douze heures est-il libre? Pas plus que le viveur dont toute l'existence a passé à aiguiser et à varier ses sensations. L'un est esclave de son travail, l'autre de sa joie.

D. — Et d'ailleurs quand on admet que nous ne sommes pas des individus, que la mort et la naissance sont des apparences, cette question de la liberté « individuelle » devient un problème abstrait n'est-ce pas? et une sorte de jeu intellectuel.

R. — Justement. L'idée qui doit maîtriser notre vie est que nous devons agir comme membres de l'humanité. C'est de l'effort collectif que dépendra le salut final.

Mais aujourd'hui déjà, l'humanité tout entière nous prête son secours quand nous défaillons. La multitude des penseurs et des apôtres pousse en avant l'homme libre, en sorte que le passé est le plus sûr garant de notre avenir. La liberté, si on la conçoit comme la possibilité de faire aboutir notre effort moral, est collective puisqu'elle naît toujours d'une collaboration.

LE DEVOIR

D. — Quel est le devoir?

R. — Agir en toutes circonstances comme partie de l'humanité qui a été, qui est et qui sera vous-mêmes depuis le commencement jusqu'à la fin du monde.

C'est ainsi que sont réconciliés, dans le domaine moral, l'égoïsme et l'altruisme. C'est pour nous-mêmes que nous lutterons, en essayant d'améliorer le sort de nos frères, puisque plus tard, fatalement, nous mangerons leur pain amer, et c'est pour les autres que nous travaillerons, en cultivant sans cesse l'humanité qui est en nous, en la parant de beautés nouvelles, en dressant, si nous sommes doués, par notre effort personnel, un phare montrant la route à suivre à nos proches.

Le mal, c'est l'argent, le luxe, le plaisir pour autant qu'ils entravent l'essor de l'humanité en nous, et qu'ils engendrent la misère, les privations, la douleur chez les autres nous-mêmes de demain, que nous spolions par avance.

Le mal, c'est la haine, l'envie ou la bassesse

en tant qu'ils détruisent dans l'humanité l'élément éternel, qu'ils la rabougrissent et l'étio-
lent, qu'ils nous exposent enfin nous-mêmes à
descendre un échelon et à vivre sous une forme
inférieure d'humanité, dans l'embryon qui résu-
mera à la fois les efforts de nos vies passées, les
puissances de notre vie future.

*A ce moment ils passaient devant le fantassin
de bronze qui court vers la frontière, un fusil à
la main.*

Diétrich demanda : devons-nous aimer notre
patrie ?

R. — De toute notre âme, en essayant de la
rendre plus féconde, plus intelligente, semeuse
d'idées, de lumière et de beauté, pépinière de
bonté et de sacrifices, conductrice sereine des
autres peuples sur le chemin du bonheur.

La patrie n'est pas seulement une grande famille, elle est une unité vivante dans l'humanité. C'est en elle que nous agissons, et notre in-
fluence personnelle ne s'étend guère sur les
autres peuples ; de plus c'est elle qui nourrit et
fortifie notre élan vers le bien, de tous les sucs
déposés en elle par l'effort des générations
passées. C'est elle qui donne enfin la couleur et
le relief à notre œuvre de propagande sociale
qui pourrait tomber dans l'ennui stérilisant des
philosophies humanitaires.

Nous devons donc aimer notre patrie, mais

comme la tutrice passagère de notre idéal, sans
oublier que peut-être nous en changerons
demain. L'humanité qui est nous et qui ne
peut pas mourir, qui n'est ni corps ni esprit,
mais pensée vivante, est peut-être d'ores et déjà
prédestinée à appartenir à une autre nation.

Il en est de même de la famille. Elle ne doit
pas être conçue comme une abstraction éternelle
et absolue. C'est, elle aussi, une unité vivante
dans l'ordre social. Elle sert à l'humanité en
donnant à chacun de ses membres le maximum
de bonheur possible et en lui permettant d'élever dans l'amour quelques enfants, dans le but
d'en faire des hommes. Elle protège la femme
contre les caprices de l'homme et l'homme
contre ses propres caprices. L'abolir, pour y
substituer l'internat et le libre amour, serait
risquer de faire dégénérer la race et de dépra-
ver l'enfant. Mais nous avons appartenu à des
milliers de familles, et nos aïeux ne sont pas
toujours ceux que nous croyons.

***

LE SACRIFICE

D. — Quelle place donnez-vous au sacrifice de soi-même dans votre morale?

R. — La plus haute, mais une place *d'exception*.

Le sacrifice est le principe de la morale chrétienne telle qu'elle a été établie et vécue par Jésus. En se sacrifiant perpétuellement, l'individu passager arrive peut-être à transformer en lui la vie humaine en vie divine. Il navigue ainsi sur les bords de l'éternité et dépasse d'un bond la terre et l'humanité à la fois. Il est possible que devenu un ange, dans ce bas monde, il continue à vivre comme un ange dans une autre planète, que nous pouvons appeler le ciel. Mais ceci n'est qu'une hypothèse qui dépasse les limites de notre compréhension, puisque nous ne pouvons rien concevoir que sous forme humaine. D'ailleurs je n'ai pas encore rencontré sur terre cet holocauste vivant qui aurait consumé en lui tout élément charnel et humain.

Dans l'humanité que nous connaissons, le sacrifice intermittent, qui rentre d'ailleurs dans

les limites du devoir, dégage l'élément humain
de tous les accidents transitoires et conduit celui
qui le pratique vers un type d'embryon supérieur.
En donnant aux autres notre bonheur, notre
temps, notre vie, nous nous amassons non pas
des trésors dans le ciel, mais une humanité plus
pure, et par suite plus large et plus haute, dans
la suite de notre existence terrestre, si multi-
forme. Cependant comme rien de ce que nous
croyons posséder en propre ne nous appartient,
il est parfaitement possible que, dans un de nos
avatars postérieurs, les circonstances, le milieu,
le hasard même, nous rejettent dans le rang
médiocre, d'où nous nous étions efforcés de
sortir.

Notre sort présent et futur, la hauteur de
notre pensée, la force de notre amour sont liés
étroitement à l'humanité en marche. Ils font
partie de son patrimoine et ce serait d'un
égoïsme qui nierait le sacrifice, que de chercher
puérilement à nous en prévaloir, ou à réclamer ces privilèges comme notre bien personnel.

*Après avoir marché longtemps le long de la
route latine fortement pavée, ils entrèrent dans
un bois pour y chercher la fraîcheur et s'assirent
au pied d'une source.*

*L'eau pure, dans laquelle riait le soleil, leur
renvoya un instant leurs regards pensifs.*

L'ART

D. — Ne pensez-vous pas que l'art prendra
peu à peu dans l'humanité la place de la religion?

R. — L'art n'est que l'image de la vie intérieure et extérieure, et avant que de répondre
à votre question, je voudrais examiner si en
transformant profondément notre conception
du monde, nous n'arriverons pas à une vision
nouvelle de l'art.

Les grands créateurs se sont plu à jeter
quelque mystère sur leur besogne sacrée. Mais
les critiques et les esthéticiens, à leur tour, les
ont étiquetés et classés suivant des méthodes
par trop étriquées.

L'artiste n'est pas le produit du milieu qui
l'a vu naître, puisqu'il le dépasse : et c'est dans
l'humanité tout entière qu'il plonge ses racines,
c'est de son limon qu'il tire sa sève et sa force.
Jusqu'à vingt ans il forge son instrument : il
devient le fils de son pays jusqu'aux moelles,
tissant ses premières expériences avec les leçons de ses maîtres, sondant avec timidité les
mystérieuses profondeurs de l'instinct; s'il est

Français, il aura acquis dès ce moment l'amour des formes nobles, du métier difficile, la haine des négligences et de l'à-peu-près. Il aura appris aussi les façons claires d'ordonner les choses. S'il est Allemand, il aura puisé, avec moins d'élégance et d'harmonie, le goût plus vif de la réalité savoureuse et le sens plus profond du devenir intérieur.

A vingt ans, Français ou Allemand, il se cabre, il se révolte, il rejette les formules et les rengaines, il prend en horreur les enseignements appris. Il veut être *lui*, et il cherche. Plus il est grand, plus il est puissant, et plus son milieu l'opprime. Créer du nouveau, imposer aux hommes une œuvre d'art personnelle, pétrie avec sa chair et son sang : tel est son but. Dans cette lutte contre tout ce qui l'entoure, parfois il se noie, et c'est alors le néant d'une vie manquée; parfois, il triomphe en magnifique libérateur; — et c'est lui qui fait école; le plus souvent, il trouve des esprits, parents du sien, qui l'encouragent et l'enrichissent, et dans ces miroirs jumeaux il élargit sa pensée. Fiévreux, brûlant d'une ardeur créatrice, il retourne à nouveau le soc dans le terroir paternel.

Il se croit alors *personnel*. Illusion bienfaisante. En réalité, le producteur de talent, qu'il soit musicien, peintre ou poète, doit considérer sa vie comme un nouveau printemps succédant à trente ou quarante floraisons plus anciennes, et dans lequel toutes les fleurs, même les plus rares, naissent du passé ou de la révolte contre le passé. Plus l'artiste est *individuel* et plus il plonge aux sources profondes communes à tous les hommes. Les formes de l'art, sont, au cours des âges, l'exploitation méthodique et successive, bien qu'inconsciente, des richesses insondables qui gisent en nous. En sorte que chaque créateur n'est qu'un moment dans la vie du même artiste, et que l'histoire de l'art est comme le développement harmonieux du même homme à travers les siècles.

Voyez en France, par exemple, la marche de la pensée : après le balbutiement du moyen âge et les subtilités de la scolastique, la lumière grecque, inondant à flots l'âme humaine, produit une réaction violente vers l'amour de la vie. Puis cette ivresse se discipline, et tandis que quelques enfants perdus persistent dans le « libertinage, » le xviie siècle nous apporte le triomphe de la raison. Donc, après ce premier élan de liberté, l'homme est rentré en lui-même et il cherche à mieux se connaître. Le monde extérieur révélé par les Grecs s'efface. La littérature se pénètre de psychologie. Au xviiie siècle, l'analyse de Racine, l'observation géniale de Molière font place à l'amour de la nature. De raisonnable, la littérature devient bientôt sentimentale, et nous assistons à l'éclosion superbe des grands lyriques du XIXᵉ. Ils nous crient leurs douleurs, ils mettent leur âme à nu, ils nous prennent pour confidents de toutes leurs misères, et le monde entier, emporté par la nouveauté et l'apparente sincérité de leurs plaintes, souffre, frémit et pleure avec eux en les admirant. Mais presque aussitôt après, surgit une nouvelle génération qui n'est plus raisonnable, ni sentimentale, mais dont les nerfs à fleur de peau enregistrent, avec une précision nouvelle, les visions extérieures et les sensations. Ils se penchent à leur tour sur la vie, non plus pour philosopher, non plus pour souffrir, mais pour voir et pour décrire. Plus tard, car l'humanité ne s'arrête pas, leurs frères cadets, saturés de réalisme, se retourneront vers les profondeurs de l'être et chercheront, non plus dans le raisonnement, non plus dans le sentiment, mais dans les balbutiements de l'instinct, dans les mystères de l'inconscient, dans les angoisses de l'inexplicable, de nouvelles sources où apaiser leur soif de beauté. Et c'est ainsi que de Rabelais à Mœterlinck l'humanité française aura défriché, une à une, les couches profondes et superposées qui composaient sa richesse.

Et si, après avoir examiné les hommes, j'étudiais la langue, j'arriverais aux mêmes conclusions. Riche et congestionnée, au XVIᵉ siècle,

par une réaction violente, au xvii° elle s'épure
et s'affranchit. Elle chasse de son sein tous les
mots savants gréco-latins contraires à son génie.
Au xviii° siècle elle s'aiguise encore, devient plus
fine, plus alerte, plus tranchante et plus ironique. Mais à force de s'ennoblir elle s'était
anémiée. Et bientôt une révolution ramène à elle
tous les exilés et tous les proscrits, tous ceux
du moins qui ont droit de cité.

La voilà de nouveau riche, plantureuse et
colorée, comme au temps de Rabelais, mais
avec plus d'envol et plus de panache : après les
romantiques, viendra l'équipe des parnassiens
qui la sculpteront dans du marbre et chercheront à lui donner l'immortelle rigidité des belles
statues. Mais presque aussitôt, dédaigneux des
rimes sonores et des images plastiques, les
jeunes, cherchant à nouveau, s'efforceront vers
les nuances, fixeront dans leurs vers le charme
de l'instant fugitif presque insaisissable, se plai-
ront à des mélodies d'autant plus prenantes
qu'elles seront incertaines, et réussiront à
estomper dans leur œuvre le mystère qui nous
dépasse et qui est en nous cependant.

D. — C'est vrai. Ces révoltes contre le passé,
un peu enfantines comme tout ce qui est divin,
accompagnent, dans toutes les littératures du
monde, la création du nouveau et la marche vers
l'avenir. Nous les retrouvons en Allemagne, où

la période du sentiment a succédé, comme en
France, à l'âge de la raison, pour faire place
ensuite à ce que Lamprecht appelle l'impressio-
nisme physiologique et psychologique.

R. — Mais il ne faudrait pas partager l'illusion délicieuse et magnifique de tous les jeunes
gens qui, à vingt ans, se croient appelés à créer
une œuvre insondable et sans précédent. Toutes
ces richesses que l'artiste découvre, elles se
trouvaient en lui. Racine a sans doute souffert
autant que Musset, et Boileau a frissonné, lui
aussi, dans le printemps adorable. Mais ils
avaient autre chose à accomplir qu'à raconter
leur émoi ou à décrire la nature. Ils ont laissé ce
soin à leurs successeurs, ou plutôt *ils* ont repris
et complété, un ou deux siècles plus tard, l'œuvre
commencée. Ce qui nous reste à défricher, à
mettre en valeur, est presque infini. Lamartine,
Hugo, Musset ont chanté les regrets de l'amour
passé, les mélancolies d'un bonheur voilé par la
mort. Qui donc nous a donné le chant de l'amour
triomphant, le délire sain et robuste d'une pas-
sion en pleine fougue? Zola a décrit les foules.
Qui donc nous a fait comprendre l'âme fruste et
savoureuse du travailleur? Notre littérature est
bourgeoise. Le jour où un ouvrier s'éveillera
doublé d'un maître-écrivain, quels chefs-d'œuvre
pourront éclore !

Et la musique qui a passé du rythme de la

danse au contre point, du contre point à la mélodie, de la mélodie à l'harmonie, de l'harmonie
à la polyphonie, la musique qui concentre en
elle et dépasse toute la pensée humaine, la
grande musique, en train de devenir accessible
au peuple, même dans ses austérités, ne nous
entraînera-t-elle pas vers une profondeur qu'aucune parole n'a encore sondée?

Ma conception de l'art est donc nécessitée
par ma conception de la vie. Ici encore la naissance et la mort sont des apparences. Le créateur, même s'il se croit un individu génial et au-
dessus de tous ses semblables parce qu'il a cul-
tivé un coin de l'immensité humaine, a reçu le
plus clair de ce qu'il possède et ne doit être fier
que de son travail et de son effort. D'ailleurs
plus il est grand et plus il est humble de cœur,
connaissant le mur qui borne sa vue et sachant
bien qu'il ne dépasse les autres que d'une cou-
dée. Sa gloire, c'est d'être chef de file et de
guider l'humanité pendant quelques pas, en
attendant qu'il rentre dans le rang pour participer aux détresses communes et à la lumière
qu'il a augmentée.

D. — Et le savant?

R. — Le grand Virchow m'a dit un jour en
souriant : « De plus en plus les découvertes qui
font honneur à l'humanité tendent à devenir
anonymes. Dans des centaines de laboratoires,

des savants s'efforcent vers le même but. Ils essaient, ils tâtonnent, ils approchent de la vérité et, notez-le bien, ils se communiquent sans cesse leurs expériences avec le souci fier de ne les donner que telles qu'elles sont. Un jour vient où l'un deux, plus intelligent, plus heureux, ou plus favorisé que les autres, fait le pas décisif, trouve le sérum définitif ou le rayon X utile à l'humanité. Celui-là récolte toute la gloire. Qu'importe la gloire?... »

LE CULTE

D. — Comment célébrez-vous le culte dans
cette croyance nouvelle?

R. — Il faut distinguer n'est-ce pas, entre le
culte public et le culte privé. Le premier a pour
but d'exalter la foule, de la transporter sur une
cime, de lui fournir pour sept jours une provi-
sion de force morale et de bonté. Dans les
grandes villes, la musique deviendra de plus en
plus une source de beauté et d'union. C'est elle
qui fondra les cœurs et les volontés, les dispo-
sera à s'épandre et à communier dans un même
amour respectueux du passé, confiant dans le
présent et tendu vers l'avenir comme vers un
espoir magnifique. La parole des orateurs devra
aussi préciser pour l'intelligence la trace d'éternité que laisse en nous une symphonie de
Beethoven. Pour entraîner les hommes vers le
but nouveau qui est de bâtir sur la terre une
demeure de joie, il se trouvera sans doute des
apôtres au verbe de feu. Mais la plupart de ces
prédicateurs volontaires devront surtout con-
seiller, guider, éclairer familièrement, indiquer
le bon livre à lire, retracer la vie des héros, des

grands hommes de bien, préparer en un mot le culte de la semaine.

Car c'est celui-là l'essentiel. Tous les jours, chaque homme digne de ce nom doit avoir une heure de retraite pour penser et se recueillir, pour chercher des appuis à sa dignité morale, pour tendre les muscles de sa volonté vers le bien, pour se baigner dans de la beauté. Il ira vers tous les grands solitaires qui se sont concentrés et qui lui confieront leur sagesse ; il ira vers tous les apôtres qui se sont donnés sans compter. Sa curiosité ne s'arrêtera pas au seuil de l'orient devant l'étable de Bethleem où naquit le maître et le consolateur de tant de millions d'âmes occidentales. Il voudra connaître toutes les sagesses depuis celle de Bouddha jusqu'à celle de Stuart-Mill. Puis, quand le jeune homme se sera créé ainsi, en adorant les héros, un cœur ferme et pur, il songera que rien de ce qu'il possède ne lui appartient et qu'il faut tout rendre à l'humanité, par amour pour les autres et par amour pour soi-même. Homme mûr, il devra répandre ce qu'il aura amassé, et le culte de famille lui servira de nouveau à modeler l'âme de ses enfants d'une façon forte et délicate.

Bien des fois, sans doute, il faillira à sa tâche. Car nul ne peut prétendre à chasser du monde le mal et ses conséquences. Il y aura toujours des *pécheurs* : tous ceux qui vivent

comme s'ils devaient mourir. Pour les relever
de leurs défaites graves, un moyen s'offrira,
tout-puissant : l'action. Pour les guérir de leurs
remords, pour les sauver de leurs détresses
morales, c'est le sang nouveau de l'humanité
libre et joyeuse qui circulera dans leurs veines.
Rien n'est définitif, rien n'est irréparable,
pauvres chers amis. C'est l'humanité qui prend
vos fautes sur elle, et la partie que vous avez
cru perdue ou compromise, pendant des milliers de siècles vous continuerez à la jouer. Si
vous avez créé du mal qui se perpétuera après
vous, et que vous retrouverez, réparez-le en toute
hâte en travaillant fiévreusement à améliorer
le monde. C'est de notre effort collectif que dépendra notre Enfer ou notre Paradis sur la terre.

Se recueillir chaque jour afin de devenir une
source de bonté et de lumière : tel est le devoir.
Que notre méditation soit ardente comme une
prière; fermons les yeux, agenouillons-nous, si
ce geste nous est nécessaire pour oublier le monde
extérieur; puis revenons dans la mêlée, semeurs
de beauté et de force. Car de longtemps encore
nous n'aurons pas le droit d'entrer dans le ciel.

— *Votre doctrine est étrange, dit Dietrich,
mais elle me séduit. Je vous dirai plus tard en
quoi elle me semble peu scientifique.*

FIN DU DIALOGUE SUR LA VIE ET SUR LA MORT

LA GENÈSE DE MA DOCTRINE

Il me reste, après avoir défini sous la forme tour à tour la plus précise et la plus populaire que j'aie pu trouver, la foi que j'ai adoptée, à indiquer quelles différences la séparent des anciens dogmes, et par quels chemins j'y suis monté.

Chacune de nos vies est un jour, chacune de nos morts une nuit, et chacun de nos instants est un moment de la vie humaine.

Depuis la venue du Christ peut-être ai-je vécu cinquante jours et cinquante nuits dans le patrimoine commun à toute l'humanité. Quelle distance j'ai parcourue avec elle, étincelle du feu qui paraît devenir plus pur, plus ardent !

Mais la destinée a voulu que je recommence, dans cette vie, toutes les étapes de notre acheminement vers la vérité.

Je ne crois plus que Dieu soit le Père. Je ne nie pas son existence éternelle mais je ne l'affirme pas non plus comme une nécessité.

Dieu est au delà des forces humaines qui ne le peuvent concevoir. Il demeure pour nous un

éternel Inconnu. Tel que nous nous imaginons
le connaître, il est le fils de l'humanité plutôt
que son père. Et nous ne pouvons l'aimer et le
penser que sous les formes humaines.

Après avoir renoncé au Dieu personnel,
sans le nier, je me suis accroché au Christ déses-
pérément comme au seul salut. C'est Lui que je
voulais adorer comme le révélateur de l'Enigme,
c'est en Lui que je voulais vivre, ne retenant de
toute sa doctrine qu'un mysticisme passionné,
et voulant me fondre en Lui comme la goutte
d'eau dans la mer.

Et je me suis rendu compte que cette doctrine
était suffisante, précieuse, adorable et qu'il ne
la fallait enlever à aucun cœur simple et aimant.

Mais le Christ, s'il revenait sur la terre,
posséderait, avec la même force divine et la
même pureté, un cerveau mieux organisé que
le sien; il étonnerait, j'en suis convaincu, ses
disciples. Le même homme divin, par l'instinct
et par la droiture morale, il nous apporterait une
conception hostile à la sienne, du ciel, de la
terre, de l'humanité.

D'ailleurs aucune prière d'adoration n'est
vaine, aucune contemplation du divin dans l'humanité n'est stérile. Et sous des cieux que les
siècles séparent, il y a d'autres Christ et d'autres
Dieu que le nôtre.

Donc je rejetai Dieu le père et sa révélation

unique par Dieu le fils. Je n'étais plus croyant,
je devenais philosophe.

Je parcourus les systèmes, et je m'aperçus que
sous les mots les plus obscurs et sous les termes
les plus barbares, ils se réduisaient à quelques
thèses et antithèses.

L'Esprit et le Corps, l'Ame et la Matière, la
Liberté et la Nécessité, l'Individu et la Société,
autant de problèmes que les philosophes résol-
vaient par une affirmation ou une négation à
grands renforts d'arguments.

La théorie de l'évolution, appuyée sur des
preuves scientifiques, vint à son tour ébranler
dans mon esprit la seule notion qui restât
debout : celle du devoir. Et dans ce désarroi
commun à toutes les pensées contemporaines,
qui conduit au scepticisme absolu et au dégoût
des méditations tant d'esprits élevés, qui mena
Nietzsche à la folie, qui tua la spéculation métaphysique en Allemagne, bientôt jaillit la pensée
nouvelle et pour moi libératrice qui redonna un
sens à ma destinée et fournit une réponse à
toutes mes interrogations.

Il n'y a ni esprit ni corps, ni âme ni matière. Il n'y a ni individu, ni société. La liberté et la nécessité ne s'opposent pas. Et tous les
grands problèmes, il faut les reprendre à cette
lumière nouvelle : nous n'existons pas comme individus; c'est l'humanité qui existe en nous.

La mort est un repos pourvoyeur de jeunesse. Libres, nous ne le sommes pas, mais l'humanité le deviendra, le jour où elle aura pris conscience de son unité physique et morale. Hardiment, nous pouvons poser comme principe de la morale l'égoïsme, puisque cet égoïsme se confond, s'identifie avec l'altruisme. Notre vie doit être un jour de lumière consacré tout entier aux années qui attendent et se chiffrent par millions de siècles, et si la destinée nous permet de grandir jusqu'au héros intellectuel, il ne nous faut pas oublier un instant qu'elle nous rejettera fatalement dans des rôles plus modestes ou plus misérables.

Le mal c'est tout ce qui s'oppose à l'épanouissement de l'humanité en nous-mêmes, tout ce qui tend à flétrir la conscience fraîche et naïve de notre éternel recommencement; c'est tout ce qui barre la route à la marche continue que nous suivons le long des siècles, c'est tout ce qui doit nous rejeter vers l'obscur et la dissonance.

Le devoir c'est d'agir de telle façon que notre action reflète la conscience que nous avons prise de n'être plus des individus limités dans le temps et dans l'espace.

Tout change, tout évolue, tout est relatif, et l'évolution, loi universelle du monde animal se continue dans l'humanité. Nos idées morales appartiennent à notre temps tout comme nos con-

ceptions intellectuelles. Il n'existe plus rien d'absolu sur terre. Mais ces conceptions désolantes qui
pouvaient aboutir au pessimisme ou au nihilisme
le plus cruel, nous les vêtissons de beauté et de
lumière le jour où nous savons que les conquêtes
de demain sont les nôtres et que les étapes
de notre vie, à travers les siècles forment un tout
plein de sens et sans cesse rajeuni par la mort.
Si la science ne nous imposait le fait de l'évolution, notre conception du monde devrait forcé-
ment nous y conduire.

Il y a trente siècles, c'est-à-dire trente jours,
le moins misérable d'entre nous errait dans les
forêts, vêtu de peaux de bêtes, et balbutiant une
langue informe, sans Dieu, sans beauté et sans
idéal. Il n'avait comme propriété divine que la
jeunesse, l'amour physique et le soleil. Nous
possédons tous ces biens et en plus Beethoven.
Quelles magnifiques aurores nous réserve
encore demain!

Mais un dernier doute m'obsédait, me tour-
mentait et pendant des mois, pendant des années
me força à garder pour moi seul cette conception de la vie qui m'avait rasséréné.

Pourquoi des millions d'hommes ne l'ont-ils
pas formulée avant moi? N'est-elle pas malgré
tout anti-humaine, anti-naturelle? Et ne suis-je
pas un pauvre fou qui aperçois le ciel dans une
goutte irisée? J'étais avide d'une autorité supé-

rieure à la mienne et venant confirmer ma vision des choses terrestres.

Je l'ai trouvée plusieurs fois. Mais en voici un exemple : En août 1881, en pleine possession de sa force intellectuelle, Nietzsche écrivait :

« *Six mille pieds au delà des hommes et du temps... au lac de Silvaplana devant un bloc puissant, pyramidal, dressé comme une tour.... Voici la plus haute formule de l'affirmation....*

« *Tout va, tout revient. Eternellement tourne la roue de l'Être. Tout meurt. Tout fleurit de nouveau. Eternellement court l'année de l'Être. Tout se casse : tout est ajusté à nouveau. Eternellement se bâtit la même maison de l'Être. Tout dit adieu : tout se salue de nouveau. Eternellement fidèle à lui-même reste le cercle de l'Être....*

« *Si tu t'es incarné la pensée des pensées elle te transformera ! Ta vie, ton éternelle vie ! Vivre de façon si noble qu'on souhaite de revivre c'est le devoir.... Vivre de façon à vouloir encore vivre dans l'éternité. Nous voulons revivre sans cesse une œuvre d'art.... Imprimons sur notre vie la reproduction de l'éternité.* »

Cet individualiste farouche qui devait marcher vers les erreurs du « surhomme » et du « fauve blond, » dont la pensée géniale s'est dirigée au pôle opposé de la mienne, eut, dans un éclair, la vision de ce que je crois être la vérité.

Peut-être quelques autres hommes viendront-
ils s'y reposer comme lui et comme moi. C'est
dans cet espoir que j'ai fait paraître ce petit
livre.

Plus tard s'ils le désirent, je leur apporterai
aussi les quelques preuves scientifiques que
j'ai rassemblées. Mais elles ne sont pas nécessaires, car mon œuvre n'exige pas un acte de
foi et ne suppose pas une démonstration : elle
est seulement une façon de voir et de comprendre la vie.

₊

LES TROIS VÉRITÉS

LA PREMIÈRE VÉRITÉ

Pendant des siècles les anciens ont mis notre moi au centre du monde : il s'agit maintenant de mettre le monde au centre de notre moi.

Rien de ce qui est profond en nous ne nous appartient.

Des centaines de siècles revendiquent ce patrimoine qu'ils ont patiemment tissé.

LA DEUXIÈME VÉRITÉ

Pendant des siècles nous avons fait de notre vie le centre de l'éternité : il s'agit maintenant de faire de l'éternité le centre de notre vie.

Tout tournait jadis autour de nos cinquante ou soixante années qui ne sont pas des quarts de seconde en face des milliards de siècles qui les ont précédées et qui les suivront.

Cet éclair de vie nous sauvait ou nous condamnait à jamais, et le grand amour qui est en nous nous poussait à croire que les liens fugitifs contractés par les éphémères que nous sommes se perpétuaient pendant des myriades.

Désormais nous devons consentir à ne pas aimer que les nôtres et à ouvrir notre cœur à ceux que le hasard n'a pas serrés contre nous pour le pèlerinage d'un jour.

Notre route est plus longue, plus tragique, plus accidentée que nous ne l'avons cru. Manquerons-nous de courage? C'est qu'alors nous n'avons pas compris les forces divines que la mort renouvelle en nous et la bienfaisante beauté de l'oubli. Une mémoire, s'étendant, vengeresse, pendant des milliards d'années ce serait l'enfer, la longue torture, le cri angoissé vers le néant. La mort, en nous en affranchissant, nous reconduit vers l'innocence et vers les sources émerveillées du matin frais qu'est la jeunesse.

LA TROISIÈME VÉRITÉ

Donc, et c'est ici la troisième vérité fondamentale que nous enseigne l'observation scientifique de nous-mêmes, la naissance et la mort ne sont pas les bornes réelles de notre conscience d'être mais seulement les limites d'une seule étape dans la marche vers l'éternité.

Telles sont les trois vérités. Elles résultent de la seule observation certaine que nous puissions faire en ce monde sur le seul objet qui ne nous échappe pas : la vie pensante.

⁂

LA RELIGION CHRÉTIENNE
ET LA RELIGION DE L'HUMANITÉ

Une supériorité du catholicisme c'est qu'on
y parle à l'Eglise en latin et qu'on y fait de belle
musique. Les rapports entre le présent et l'avenir, entre la terre et le ciel, entre Dieu et la
créature gagnent à ne pas être précisés. Et
puisque l'Eglise doit répondre au besoin de
mystère qui est en nous, j'imagine que, pour les
cœurs simples et les volontés faibles, nul ser-
mon protestant, fût-il sublime, nulle parole n'é-
galera le plain-chant entonné dans une langue
inconnue.

***

Dieu est amour. Dieu est partout. Dieu est le
Verbe incarné. Ces formules ne sont pas contradictoires avec la conception moderne de la
vie humaine.

Mais Dieu est-il personnel? L'Eglise, en l'affir-
mant, ajoute qu'il se compose de trois per-
sonnes: le Père, le Fils et le Saint-Esprit. Et c'est
là une profonde sagesse que de clore, par ce

mystère insondable de la Trinité, les débats sur la personnalité divine.

*_**

Le diable existe lui aussi et il est une personne, d'après l'Evangile. C'est ce qu'oublient trop les chrétiens.

Il existe et il est partout comme Dieu.

Ceci prouve déjà que, même aux yeux des chrétiens, Dieu et le Diable symbolisent le principe d'amour et le principe de haine qui se côtoient dans la vie pensante.

J'ajoute que sans le Diable, l'homme aurait sans doute succombé dans la lutte pour la vie.

Dieu c'est le But. Le Diable ce fut parfois le moyen. Mais pour arriver au but, il faut parvenir à supprimer le moyen.

*_**

Le Christ est le fils de Dieu. Nous vivons en Lui et Il vit en nous. Telle est la formule du mysticisme chrétien. Elle est belle et elle est puissante.

L'intolérance peut la rendre odieuse, et il est difficile de prouver à un bouddhiste que le Bouddha n'est pas le fils de Dieu et qu'il ne s'est pas incarné.

Le Christ est un des soutiens de l'humanité. Il n'est pas l'unique.

*_**

« Le Christ est venu pour porter les péchés du monde. Il a racheté la faute d'Adam : il nous a libéré du péché originel.

« Dieu a tant aimé le monde qu'il a donné son fils unique afin que quiconque croit en lui ne périsse point mais qu'il ait la vie éternelle. »

Quelle est notre position en face de cette doctrine de l'Expiation et de la Rédemption ?

Elle suppose un acte de foi par lequel nous concevons Dieu comme une personne ayant un dessein délibéré au sujet du monde et elle part de l'erreur aujourd'hui constatée que la terre est le centre de l'univers et que tout l'univers tourne autour de l'homme.

Nous sommes obligés de la rejeter (sans la nier) comme étant métaphysique et parce qu'elle dévoile un propos de l'inconnaissable.

Au point de vue psychologique et moral cette doctrine est le couronnement admirable de toutes les religions antérieures fondées sur le sacrifice.

L'homme a imploré Dieu pendant des siècles et a cherché à se concilier sa faveur. Dieu lui répond en se sacrifiant Lui-même. Une pareille foi était digne d'inspirer tous les héroïsmes.

Beaucoup de chrétiens qui ne sont pas des héros ont cru pouvoir profiter à bon marché de ce sacrifice divin. Je pense qu'ils se sont trompés.

Dans notre conception de la vie, tous nous devons expier, tous nous portons le poids des fautes paternelles, tous nous sacrifions joyeusement notre effort personnel et l'acquit de notre vie au salut de l'humanité. Mais nous ne serons délivrés, « rachetés, » « sauvés, » du péché d'Adam et de tous ses successeurs et de nos propres péchés, qu'en même temps que tous nos frères les hommes.

L'expiation et la rédemption doivent continuer à dominer le monde. Mais c'est nous-mêmes qui expions, et des milliers de siècles passeront avant que nous soyons « rachetés. »

L'Eglise catholique en avait le pressentiment obscur quand elle imagina le purgatoire dont la nécessité n'est pas indiquée dans les évangiles.

⋆

LES PHILOSOPHIES ET LA VIE

Nous ne pouvons rien connaître du monde parce que nous ne pouvons pas sortir de nous-mêmes. Nous sommes des miroirs qui reflétons inexactement. Toute science est un symbole qui part d'un principe et en déduit les conséquences, mais qui ne pénètre pas la réalité. Sur la nature des choses, nous en sommes restés et nous en resterons probablement aux balbutiements des Grecs, et Pyrrhon avait presque tout dit avant Kant.

Tel est le dernier mot des philosophes : « Nous ne savons qu'une chose, c'est que nous ne savons rien. » Les grands métaphysiciens, comme Descartes, Spinoza, Schopenhauer, ont fait régner tour à tour, comme loi du monde, la raison, la substance et la volonté obscure de l'instinct. Contradictoires, les résultats de leur effort s'annihilent.

Un peu humiliée et fatiguée, la pensée humaine s'est repliée loin des métaphysiques décevantes. Le cœur, l'âme, la volonté, l'esprit, autant de mots qui, sans être vides de sens,

choquaient par leur imprécision les esprits po-
sitifs. On détrôna ces petites royautés de nous-
mêmes. La réaction matérialiste, en ne s'atta-
chant qu'au phénomène corporel uni aux manifestations de l'esprit, ne s'aperçut pas qu'elle
n'expliquait rien, et qu'en niant un côté de
l'être, en faisant dériver la pensée de la matière
ou le moral du physique, elle retombait dans
cette métaphysique si combattue, et affirmait
sans pouvoir prouver. A l'autre pôle de la
pensée, les philosophes phénoménistes, c'est-à-
dire ceux qui ne s'attachent qu'aux manifestations de l'esprit sans chercher à découvrir
la « chose en soi, » la substance, ce qui se
trouve au-dessous, tombèrent dans l'abstraction,
en négligeant les forces profondes, nous expli-
quèrent, par exemple, le mécanisme de l'asso-
ciation des idées, sans tenir compte du jaillissement de vie qui l'accompagne.

Toutes les philosophies sont au bord de la
faillite, les unes parce qu'elles nous ont menés
savamment devant notre complète ignorance,
les autres parce qu'elles nous ont prouvé que,
lorsque nous voulions en sortir, nous nous élan-
cions dans un rêve cohérent, mais sans rapport
avec la réalité.

Toutes contenaient cependant des éléments
de vérité. Mais aucune ne nous apportait la
vérité elle-même.

Or, il n'y a qu'une chose au monde que nous puissions connaître immédiatement, absolument : c'est la vie. Examinons-la du point de vue où nous sommes.

Chez l'homme comme chez tous les animaux, elle est dominée, dit-on, par deux instincts : l'instinct de conservation et l'instinct de reproduction. En réalité, ces deux instincts se réduisent à un seul. L'homme en se reproduisant, se conserve; il se garde en se donnant. La vie de l'individu et celle de l'espèce se confondent, puisqu'elles sont identiques.

La douleur, c'est la vie contrariée dans son cours. C'est pour cette raison que la douleur est parfois bienfaisante. Elle n'est pas seulement la sonnette d'alarme qui nous avertit du danger, elle est aussi l'aiguillon qui nous force à rebrousser chemin quand nous faisons fausse route.

Le plaisir, c'est la vie qui suit son cours et le hâte.

Le désir, c'est le souvenir du plaisir passé, ou l'imagination du plaisir futur, qui pousse la vie vers une plus grande amplitude, vers une vibration plus intense, connue ou pressentie.

Tout ce domaine l'homme le partage avec l'animal, et c'est dans ces forces obscures que l'on dédaignait tant au XVIIᵉ siècle, dans ces instincts profonds mais pénétrés de pensée, que gît la saveur de sa vie intellectuelle.

Ce qui différencie l'homme de l'animal, c'est qu'il possède un miroir dans le cerveau et des mains. Façonnées par des millions de siècles, les mains, avec leurs papilles nerveuses, leurs doigts prenants, sont devenues le plus merveilleux instrument de domination, le plus délicat et le plus puissant, le plus pénétré de pensée qu'il nous ait été donné de connaître. Introduisez, par miracle, dans la tête d'un chien le cerveau d'un homme, et il mourrait bientôt de mélancolie, de n'avoir pas de mains pour en profiter. Rien ne s'improvise dans la nature, et notre main est l'œuvre lente de notre miroir.

Pénétré et éclairci par la réflexion, l'instinct de conservation s'appelle égoïsme, l'instinct de reproduction, altruisme; l'amour de soi et l'amour des autres. Sans le premier nous serions mangés; sans le second nous ne serions que des éphémères, vivant une minute dans l'éternité. Ces deux amours doivent se compléter, sinon se confondre. Plus nous donnons et plus nous nous enrichissons. Mais pour pouvoir donner il faut se défendre.

Les grandes douleurs sont toujours provoquées par un changement radical dans notre vie, qui la trouble profondément dans son cours.

Plus nous vivons avec intensité et plus l'arrachement est cruel. De là l'expression populaire commune à tous les peuples « Une vie brisée. »

En réalité, la vie le plus souvent ne se brise pas après une telle catastrophe, elle change de cours. C'est ce qui a conduit la religion chrétienne à bénir l'épreuve comme un moyen de salut.

Le plaisir, c'est le libre jeu de la vie intellectuelle comme de la vie physique.

Le désir, devenu conscient et réfléchi, se transforme en volonté. Mais gardons-nous d'en faire une faculté spéciale. Plus le désir est ardent, plus la volonté est forte. Pour arriver au but, elle élimine tous les obstacles, subordonnant le plaisir présent au plaisir futur, qui sera plus grand. Le corps se raidit et lutte, d'accord avec l'esprit qui le guide, mais ce n'est que par abstraction que nous pouvons les séparer. Ici comme toujours, ils ne font qu'un, et la victoire finale dépend de l'un et de l'autre. Les hommes de volonté faible sont ceux dont les désirs, également puissants, se combattent; ou bien ceux dont l'intelligence n'est pas assez forte et l'imagination assez vive pour leur marquer un but à atteindre; ou bien ceux qui, par sagesse ou résignation, négligent de s'assigner une fin digne de leurs efforts.

L'amour, c'est le désir de favoriser le cours de la vie chez les autres, en s'y mêlant. La haine, c'est le désir de le contrarier, en s'y mêlant. L'amour et la haine voisinent souvent, parce que dans l'une et dans l'autre se retrouve le même intérêt violent, à une vie en apparence étrangère.

Tout se ramène en nous à ce que j'appellerai avec Spinoza : la loi de la persévérance dans l'être. Le remords n'est pas produit principalement par le sentiment d'une loi extérieure à nous, que nous aurions violée, et on le confond trop souvent avec la crainte du châtiment. Un enfant qui désobéit peut redouter d'être battu, mais s'il éprouve un remords, c'est-à-dire une colère contre soi-même, une douleur en face d'un acte commis, c'est qu'il s'imagine déjà la peine qu'il a causée. C'est la conscience d'avoir contrarié, ou troublé, ou brisé le cours de la vie chez les autres ou chez soi-même, qui crée le remords. Il peut s'exaspérer jusqu'à devenir une paralysie du vouloir vivre, ou jusqu'à nous pousser à des fautes nouvelles, pour oublier et nous « endurcir. » Voilà pourquoi, dans leur profonde psychologie, les religions ont trouvé le confessionnal et la grâce divine, pour laver la plaie à vif, pour la cicatriser et pour l'effacer.

Mais dans notre conception de la vie, rien n'est irréparable, parce que rien n'est définitif. Le mal, créé par nous, peut être compensé en quelque mesure par le bien, et dans la grande œuvre collective et infiniment prolongée qu'est

:notre existence, nous ne devons nous attarder au
remords que pour y prendre des forces et des
directions nouvelles.

***

LA PHILOSOPHIE DE LA VIE

Trois fonctions dominent la Vie. Trois fonctions et trois mystères : manger, dormir, aimer.

Manger : c'est-à-dire déchirer de la chair presque vivante : suivant l'expression forte du rhéteur grec, nous sommes tous des vautours, des tombeaux vivants, car cette chair presque décomposée se met à revivre et nulle analyse chimique ne suffit à expliquer un tel fait.

Dormir : tout le songe terrestre s'abolit en nous. En franchissant le bord du lit nous tombons dans un abîme où sombre notre volonté.

Aimer : Avec la création tout entière. C'est le printemps, le grand rut, la joie universelle de créer et nous participons à l'ivresse. Et toute notre nature, tous nos calculs, toutes nos habitudes s'envolent comme des fétus, devant cette force étrangère jaillie de l'inconscient qui ruse avec le cerveau, le maîtrise, le bouleverse et l'exalte.

Ces trois mystères physiques s'éclairent un peu, le jour où nous avons compris que nous

n'existons pas mais que l'être humain persévère en nous.

La loi de mort inscrite dans la nourriture
animale peut paraître affreuse. Mais du moins
ne tuons-nous rien pour toujours.

Sans le sommeil et sans la mort, sans le frère
et la sœur, magiciens qui nous rajeunissent,
la vie serait, suivant la belle expression de
Longin, « une infortune éternelle. »

Enfin quelle plus forte raison d'aimer et de
se donner que de savoir qu'en aimant on per-
pétue la pensée et que la plus grande folie de
l'humanité est aussi sa plus profonde sagesse?

Pour pouvoir manger, il faut travailler. C'est
le travail plus que la prière qui est le régula-
teur de toute vie haute et bonne.

Les poètes satiriques de Rome nous ont mon-
tré une humanité en train de pourrir. Parce
que les Romains ne travaillaient plus ou ne
travaillaient pas assez, ils ont corrompu les
deux fonctions essentielles : la nutrition et
l'amour. Ils y ont cherché le plaisir : c'était
légitime; puis le raffinement: c'était dangereux;
puis la dépravation et c'était mortel.

Le monde fut guéri par l'invasion de la pau-
vreté: par les chrétiens et par les barbares.

Christianisme : réaction contre la nature.
C'est sa force et c'est sa faiblesse.

Pour les masses, le sacrifice est une nourri-

ture trop âpre. Trois moyens de rédemption :
le travail, le jeu et l'art : le travail pour vivre,
le jeu pour vivre en santé, l'art pour vivre en
beauté.

Les savants qui découvrent et les artistes qui
créent sont les privilégiés de ce monde parce
que le travail pour eux est le jeu le plus at-
trayant.

Mais tous nous participons en quelque mesure à leur privilège. A mesure que l'humanité
civilisée, qui ne date que de quelques siècles, se
développe, les images passent plus nombreuses
et plus belles sur son miroir. L'imprimeur les
ressuscite à toute heure, et il nous suffit de tendre la main pour vibrer avec le cerveau de
Shakespeare.

Les siècles creusent notre puits qui devient
presque infiniment profond; toutes les races y
mêlent leurs pensées et tout le ciel s'y reflète.

***

LA PSYCHOLOGIE DE LA VIE

Vous ne nous avez pas donné, objecteront les savants, votre théorie de la connaissance. Elle n'est pas bien nécessaire aux esprits dénués de culture philosophique. Mais la voici en quelques mots pour tous ceux qui aimeront à la compléter ou à la détruire.

> Je pense donc je vis
> Je vis donc je deviens
> Je deviens donc je change
> Je pense donc je me regarde changer.

Et ceci me donne la première notion immédiate, la seule qui soit vraiment primitive : celle du temps, qui n'est que la conscience claire du devenir. Les tout petits enfants n'ont aucune notion du passé. Ils ne regardent que devant eux, jamais derrière. C'est plus tard que le temps *spatial* ou, si on préfère, scientifique s'insère dans notre vie et la coupe par intervalles réguliers en y introduisant l'abstraction, mère de la science. Ce temps-là, mesuré, divisé, grâce au raisonnement, n'est qu'un symbole inexact de la réalité. Il y a, en vérité, des minutes qui sont des heures et des heures qui sont des secondes.

Et de même les deux principes pères de toute loi et par suite de toute science : le principe d'identité et le principe de causalité n'ont pas dans ma psychologie d'autre valeur que celle de précieux symboles.

En nous-mêmes ils n'existent ni l'un, ni l'autre. Le principe d'identité n'existe pas parce que dans le cours incessant du devenir, il n'y a pas deux états d'âme, pas deux pensées qui soient identiques. Dans l'intérêt de la science nous les saisissons et les séparons par l'abstraction. Mais le nombre est incompatible avec la vie et la rigueur mathématique du $1=1$ ne s'adapte pas au changement perpétuel, plus souple, plus chatoyant et plus rapide qu'un fleuve.

Et de même le principe de causalité ne peut pas s'appliquer à la vie pensante parce qu'il est trop rigide pour son tournoiement. En nous les mêmes effets n'ont jamais tout à fait les mêmes causes parce que la même cause ne se représente jamais.

La psychologie à prétention scientifique est un symbole de la réalité comme toute autre science ; n'est pas par l'intuition mais par l'observation sur les autres ou sur un moi déjà immobilisé que nous arrivons à la fonder.

Il n'y a pour nous qu'une certitude absolue, immédiate, indiscutable, c'est le devenir.

Me regardant changer, je donne un but à mon devenir, un but que l'inconscient m'impose souvent mais que la réflexion clarifie. Pour réaliser ce but, je calcule. Mais des obstacles se dressent. Il me faut choisir et pour choisir faire un effort.

Cet effort robuste ou chétif suivant ma nature ou suivant ma pensée, je puis cependant l'augmenter par la pratique de même que je développe mes muscles par la gymnastique. Je puis aussi le favoriser en parant le but que je me suis assigné de toute la beauté intérieure dont je dispose.

Enfin, par l'habitude, je m'installe dans ma conquête : je l'affirme, je la rends durable et parfois définitive. Tout homme normal coordonne ainsi sa vie même la plus désordonnée, suivant certaines règles qu'il s'est imposées d'accord avec les circonstances et en obéissant à l'instinct de conservation. S'il en est incapable, il ne tarde pas à succomber dans la lutte pour la vie. Il tombe malade ou il devient criminel. La règle et l'instinct dominent toute notre existence.

La plupart des hommes acceptent presque sans discuter cette loi imposée par le milieu, se plient tous les jours au travail régulier que l'in-

stinct de conservation leur dictent et dont la société leur suggère la discipline, entrecoupent
cette existence de quelques plaisirs, engagent
quelques batailles pour défendre leur bien me-
nacé.

La monotone ritournelle! Et qui mène le grand
troupeau! Cette vie-là, c'est en somme celle
d'un animal supérieur, accomplissant avec ponc-
tualité ses fonctions de bête intelligente et cal-
culatrice.

Mais du jour où nous nous oublions, la vie
s'élève aussitôt comme une vague dominant la
mer. Et quand, au centre de notre pensée, nous
avons réussi à planter l'arbre de la science ou de
l'art, quand l'humanité tout entière vibre en
nous comme le vent dans la forêt, quand tout
se subordonne dans notre être au désir de créer,
de découvrir ou de conduire, alors, infaillible-
ment, nous devenons les bergers.

Mais même ceux qu'un heureux hasard ne
prédestine pas à ce rôle, même la grande masse
roulant sur les pentes déjà piétinées, peuvent
être guidés dans le but qu'ils assignent à leur
vie, par une loi infaillible, par un devoir qui ne
ment pas. Dans le cadre qui les enserre ils
doivent agir comme parcelle de l'humanité en
marche.

C'est la grande loi de l'amour à laquelle peut
se susp..ndre toute leur vie et qui fonde leur

liberté. Il n'est pas un de leurs actes même les plus familiers qui ne se transfigure et qui ne rayonne, à la lumière de cette certitude fortifiante. Ils travaillent, ils jouent, ils lisent, ils votent dans l'humanité, par l'humanité. C'est pour elle qu'ils durcissent leurs muscles et qu'ils meublent leur pensée, pour elle qu'ils poussent le soc des charrues et qu'ils pétrissent le pain, pour elle qu'ils s'enfoncent sous la terre et arrachent ses noires entrailles. Et si un moment de révolte les fait frissonner en pensant à leur sort amer, à leur tâche ingrate, au peu de joies réservées, au dur travail qui les déforme, les éreinte et mange le plus clair de leur vie pensante, qu'ils votent pour améliorer les lois, pour égaliser les charges ; qu'ils luttent pour plus de bonheur et plus de sécurité ; mais qu'ils se disent aussi, qu'après le trou noir viendra la lumière et qu'ils participeront aux jours de la société nouvelle dont ils furent les pionners.

La naissance et la mort sont des apparences. La mauvaise journée est courte et ses lendemains sont nombreux. La terre nous attend encore pendant des millions d'années, et les vaincus ne seront pas toujours les vaincus.

**

PHILOSOPHIE DE L'HISTOIRE

Deux conceptions dominent l'histoire : l'une adoptée par des millions de prolétaires ramène tous les faits sociaux importants à des phénomènes économiques; l'autre pratiquée surtout par une élite intellectuelle s'attache aux exceptions, aux hommes de génie et voit dans leurs fortes impulsions, génératrices d'énergie, le facteur principal du progrès.

En réalité tout grand homme résume son siècle et sa race, et il ne s'élève au-dessus des autres que parce qu'il concentre en lui toutes les puissances sommeillantes ou éveillées en des milliers d'intelligences éparses. Crête de la vague, il est porté par un océan. Mais il le porte aussi en lui-même, et c'est d'avoir pris conscience de l'immensité qui se réfléchit en lui qu'il tire toute sa force.

A son tour la foule nombreuse se retrouve en lui et en le regardant se reconnaît. La génération suivante l'adore et cherche à le ressusciter en son cœur. C'est une unité d'autant plus individuelle qu'elle est plus universelle et qui pèse d'autant plus sur son siècle qu'il l'a plus complètement incarné.

Les peuples languissent sans chef intellectuel qui les mène. Leurs volontés se dispersent, s'émiettent, se réduisent en poussière pendant ces temps de malaise qui précèdent l'accouchement du génie. Mais le grand homme ne se dresse que lorsque le peuple est mûr pour lui et l'a engendré par un long effort.

La tare du génie c'est sa fatuité. Il s'imagine être un créateur alors qu'il n'est qu'une résultante et se rengorge de posséder tout ce qui ne lui appartient pas. Il existe en lui, comme en tout homme, un imbécile qui paraît d'autant plus petit que le génie est plus grand.

Les phénomènes économiques sont le corps de l'histoire, et l'élite intellectuelle en est la pensée. Mais il ne faut pas les séparer.

**

DEUXIÈME PARTIE

LE DOMAINE DES POSSIBILITÉS MÉTAPHYSIQUES

LES HYPOTHÈSES DE LA SCIENCE
ET DE LA FOI

Est-ce à dire qu'en dehors de la certitude donnée par l'intuition intérieure, la seule qui soit absolue, nous devions rejeter ou dédaigner les hypothèses de la science et celles de la foi? Ce serait nous mutiler.

Sans doute nous ne pouvons pas comprendre entièrement la *matière* dont la propriété fondamentale est l'inertie, c'est-à-dire une négation. Mais nous l'imaginons sans la concevoir, comme le contraire de nous-mêmes.

Nous ne savons pas non plus ce qu'est l'*éther*, ce corps inerte mais non pondérable qui semble placé de façon à combler le vide entre les corps. Mais nous l'admettons volon tiers comme une hypothèse nécessaire.

Avec Newton nous croyons que dans l'univers tout se passe *comme si* les corps célestes s'attiraient entre eux proportionnellement aux masses et en raison inverse du carré des distances.

Nous retrouvons la même loi universelle dans les phénomènes de cohésion ou d'affinité.

Cette attraction est-elle causée par les mouvements de l'éther (hypothétique) s'exerçant par chocs sur la face extérieure de la matière, comme le veulent les matérialistes, ou bien est-elle produite, comme le préfèrent les spiritualistes, par une force agissant sur la matière? Voilà, je l'avoue un problème bien difficile à résoudre. On ne peut se prononcer sur ce point que par un acte de volonté un peu arbitraire.

La matière étant inconcevable par définition, la force n'étant qu'une abstraction empruntée au domaine psychologique, ces deux hypothèses me paraissent également invérifiables.

C'est de la métaphysique que nous ne nions pas, que nous n'affirmons pas non plus. Tout au plus serions-nous tentés, par analogie, d'émettre l'avis que dans le monde il n'y a pas de matière sans force et pas de force sans matière; que ce sont là deux abstractions comme le corps et l'esprit, et qu'il est aussi impossible de concevoir une pierre sans cohésion, un monde sans gravitation, qu'une force de gravitation sans corps gravitants.

La matière est inerte par définition : donc elle est poussée par l'éther, disent les matérialistes. Nullement; elle est poussée par des forces, disent les spiritualistes. Les deux hypothèses sont possibles, mais il est possible aussi que la matière ne soit inerte (c'est-à-dire le

contraire de nous) que par abstraction, en tant
que partie détachée du tout. Ces conjectures
sont légitimes, car la matière dans son essence
est pour nous au moins aussi incompréhensible
que Dieu. Il y a des physiciens qui admettent
que cette inertie apparente résulte de vibrations
tellement rapides que nous sommes incapables
de les discerner.

Peu importe d'ailleurs. Je suis d'accord avec
les matérialistes sur le point essentiel, à savoir
que pour une intelligence *parfaite* tout se pèse,
tout se calcule et tout se prédit. Le déterminisme dans le monde est absolu.

Seulement il faut tenir compte de *toutes*
les conditions qui précèdent un phénomène
donné et surtout ne pas se payer de mots.
Quand un matérialiste prétend que le cerveau
produit la pensée, il énonce un axiome vide de
sens. Car il n'y a pas plus pour nous de cerveau sans pensée que de pensée sans cerveau,
et dire que l'un produit l'autre c'est affirmer
que x produit x. La matière vivante et la matière
pensante jouent un rôle bien supérieur à celui
de la matière inerte dans le seul monde que nous
connaissions. Les éliminer *a priori* de tout cal-
cul, en les représentant comme des phénomènes
dérivés ou secondaires, c'est se condamner
d'avance à l'erreur que n'aurait pas commise
l'intelligence *parfaite*.

La méthode positive doit écarter toute métaphysique de ses déductions, et la métaphysique matérialiste qui nous parle d'une matière (inconcevable) causant en nous les manifestations de l'esprit pur également incompréhensibles ne vaut pas mieux que la métaphysique spiritualiste qui nous montre un esprit pur (inconcevable) créant la matière.

Allons maintenant aux extrêmes et prenons à l'autre bout des dogmes humains la conception religieuse la plus orthodoxe de la révélation. Ici encore rien d'essentiel ne s'oppose à notre certitude fondée sur l'observation intérieure.

Le fait capital de la Révélation je l'exposerais ainsi.

Dieu étant inconcevable pour les hommes qui s'en faisaient les idées les plus imparfaites ou les plus coupables, le Saint-Esprit incarna le germe divin dans le corps d'une femme. De cet embryon miraculeux naquit le Fils homme et Dieu, destiné à faire connaître son Père aux hommes ses frères. Le bon berger ramena quelques brebis égarées et les conduisit vers Dieu. Mais tandis qu'il semait dans le cœur de ses diciples la Parole qui devait donner à l'humanité la vie éternelle, d'autres qui ne le comprenaient pas, le tuèrent. Il cessa de vivre en apparence[1], comme

1. Beaucoup de chrétiens admettent que le corps du Christ mourut, mais que son esprit continua de vivre. Ce n'est pas

nous tous, et le scandale de la mort sur la croix fut le moyen de salut dont se servirent les pêcheurs d'hommes pour le faire connaître au monde entier. « Il a vécu pour nous, il a souffert et il est mort pour vous, dirent-ils aux gentils; grâce à sa vie et à sa mort nous serons délivrés du fardeau qui nous accable et nous verrons Dieu.

« Nous sommes ses témoins. Le troisième jour, il réapparut devant nous, avec son pauvre corps torturé, ses mains percées de clous et son flanc ouvert. Puis il s'éleva vers son Père, il s'assit à sa droite. Il viendra de là pour juger les vivants et les morts. »

Le sommeil qui sépare la mort du jugement et du royaume de Dieu fut plus long que ne le croyaient les disciples.

Les chrétiens imaginent que ceux-ci dorment depuis des siècles dans leurs tombeaux en attendant le doux réveil qui les baignera dans la joie divine, ou bien ils supposent qu'il sont déjà près de Dieu, comme des saints bienheureux veillant sur les hommes.

Je crois au contraire qu'ils n'ont pas cessé de

ce que nous disent les Evangiles. Tout est d'ailleurs parfaitement logique dans le dogme chrétien. Le Christ, ayant commencé par un miracle, celui de la Conception ne pouvait finir que par un miracle celui de la Résurrection. Son embryon n'étant pas semblable au nôtre, il devait regagner Dieu d'une autre façon que nous.

lutter et qu'à plusieurs reprises ils ont été plon-
gés dans la belle mêlée humaine, dès que le type
d'embryon correspondant à la même conscience
d'être se représentait dans la succession des
phénomènes humains. Ils ont ainsi perdu leur
privilège d'apôtres ; peut-être même, pendant
quelques étapes, ont-ils aussi perdu leur foi,
comme à certains jours de leur vie héroïque en
Palestine. L'oubli du passé ne fut pas pour eux
un gain ; mais si la rédemption n'est pas un vain
mot, ils retrouveront plus tard au centuple leur
joie et leur certitude, et ils auront ainsi échangé
la goutte d'eau du salut individuel, rafraîchis-
sante mais si petite contre l'océan du salut uni-
versel.

Rien ne s'improvise, pas même la vie éternelle, et tout s'équilibre dans la balance de nos
destinées. Le chemin long et douloureux coupé
de reculs mais suivi avec l'humanité tout entière
pourrait servir aux élus à mesurer la distance
qui les séparait de Dieu, au moment même où ils
se croyaient assez sanctifiés pour prendre place
à sa droite.

Ce qui me sépare du christianisme traditionnel
ce ne sont donc pas les dogmes primitifs représentant le Christ ressuscité comme ayant un
corps réel et non comme un pur Esprit. La seule
chose qui me choque dans cette religion si
haute, c'est l'habitude invétérée d'un repentir

trop facile qui transmue la foi en faiblesse et remplace la lutte contre le mal par l'imploration d'une grâce que l'on n'a jamais méritée mais dont on continue à démériter avec une facilité qui touche à la moquerie.

Dans cette conception erronée de la Rédemption, le croyant devient trop facilement une machine à pécher en face de Dieu la machine à pardonner.

Rien ne se perd, rien ne se crée dans le monde moral comme dans le monde matériel, et tant que nous nous débattrons dans la boue terrestre, en dépit du pardon, en dépit de la conversion, en dépit de la sanctification momentanée, notre lutte vers Dieu ne sera pas achevée.

**

MA MÉTAPHYSIQUE

Le monde est le corps de Dieu. Il n'est pas distinct de lui, pas plus que notre corps n'est distinct de l'âme. Il n'a pas été créé par Lui par conséquent, et si, par une hypothèse incompréhensible, on pouvait imaginer la cessation du monde, Dieu finirait avec lui. Dire qu'ils sont coéternels c'est prêter à l'inexactitude, puisque c'est supposer qu'on peut les distinguer autrement que par l'abstraction. Dieu et le monde sont la même Pensée vivante.

L'humanité est un des organes de cette Vie pensante, et puisque nous sommes forcés de rester dans le domaine anthropomorphique c'est-à-dire d'imaginer dans le vide à l'aide de nos moyens intellectuels, nous dirons que l'humanité est un des centres nerveux de ce Cerveau innombrable dont l'animal serait un réflexe inférieur, la plante une cellule organique tandis que la terre constituerait un fragment de son ossature. Dire, comme l'osent certains panthéistes, que nous créons Dieu et qu'il progresse avec nous vers l'infinie Bonté, c'est nous exagérer ridiculement notre importance dans le système divin. Notre humanité est une petite cellule qui se développe en souffrant comme toute matière organique, et si nous reflétons en nous un univers qui nous semble immense mais qui est infime comparé à l'infini, c'est un peu comme pourrait le faire une des mille facettes de l'œil d'un insecte.

Il nous est impossible de comprendre ce qu'est l'unité de cette Vie pensante dont la terre est une parcelle et l'humanité un centre nerveux. On peut la comparer à une mer dont chaque espèce pensante répandue dans des millions de soleils serait une vague et dont la multitude aurait cependant conscience de sa cohésion.

Dans cette conception du fini incommensurable, le soleil n'est pas du tout destiné à éclairer les hommes et à les réjouir. Il sert Dieu et ne nous sert qu'en tant que partie de Dieu, et ce soleil est Dieu lui-même en tant que partie infinitésimale de son corps.

Ce Dieu incompréhensible parce qu'il est trop grand n'est pas inaccessible parce qu'il serait trop loin. Il est au contraire aussi près de nous que possible puisqu'il est en nous et que nous sommes en Lui, chacun de nous étant un atome d'une de ses cellules nerveuses, Dieu est plus encore que notre père. Si nous souffrons, il souffre toujours avec nous; si, anémiés, nous l'implorons, il nous inonde de son énergie. Enfin si l'humanité dégénère dans quelques-unes de ses parties, les plus vivantes prennent leur place afin de perpétuer sa fonction.

Mais *nous* souffrons, et ces douleurs peuvent paraître injustes aux cerveaux infiniment restreints que nous sommes. En réalité la souffrance physique n'est que la porte de la mort et la mort n'est que la porte de la jeunesse. Quant à la souffrance morale, elle nous amène parfois à de telles hauteurs que l'embryon adéquat à notre conscience d'être se trouve non plus sur la terre mais dans notre ciel, c'est-à-dire dans un centre nerveux immédiatement supérieur au nôtre.

Qui sait? les meilleurs d'entre nous, une fois l'étape franchie, se réveilleront peut-être après le sommeil de la mort à cinq cents millions de lieues de la terre et continueront leur vie comme les plus humbles de l'être placé immédiatement au-dessus de nous. Ils seront alors un peu plus nécessaires à Dieu que nous-mêmes. Ces « élus » infiniment rares précéderaient ainsi de quelques milliers de siècles l'être qui, sur la terre même, considérera l'homme actuel comme un singe supérieur. Et c'est parce qu'ils n'auraient plus rencontré sur la terre le milieu approprié à leur développement que, sans effort, sans soubresaut, par une continuation naturelle, l'embryon plus délicat et plus compliqué, correspondant à leur vie pensante se trouverait dans un astre supérieur.

On pourrait enfin supposer dans cet ordre d'idées, que les lois de gravitation, d'attraction, d'affinité, de cohésion se ramènent à un acte unique, la volonté de Dieu fermant en quelque sorte le poing et tendant ses muscles pour *être* (Je parle par images, à dessein, pour éveiller dans l'esprit de mes lecteurs un pressentiment imparfait, analogue au mien). Tout se ramènerait ainsi dans l'univers matériel à une seule loi : *tout être tend à persévérer dans son être* que le génie de Spinoza a formulée.

Mais si l'Etre n'existe qu'en se resserrant, il ne dure qu'en rayonnant. Les phénomènes de lumière, de chaleur, d'électricité sont les ondes de l'Etre qui se projette en dehors de soi, en se consumant.

Dieu se concentre et il se donne.

Cette double loi nous la retrouvons en nous-mêmes. Elle domine notre existence, et les naturalistes l'ont étiquetée instinct de conservation et instinct de reproduction. La vie pensante suivrait donc, dans son rythme général, les deux lois universelles du monde.

La loi de cohésion qui gouverne l'immensité disparaît en nous dès que, par suite de la maladie, d'un accident ou de la vieillesse, notre pensée vivante aspire au repos, condition d'une jeunesse ou d'une force nouvelle.

En ce sens il serait exact de dire que nous

7

aussi nous desserrons le poing dès que Dieu le
veut, mais c'est pour le refermer aussitôt avec
plus d'entrain et de joie.

Si la loi de cohésion est la condition de notre
vie, la loi d'expansion en est le but.

Quant à la douleur et au mal ce ne sont que
des instants de l'éternité — et c'est là leur expli-
cation. Ils peuvent être vaincus l'un et l'autre par
notre effort collectif.

***

Tels sont les prolongements de ma pensée positive. Après quelques hésitations je les ai ici
rapidement esquissés pour que personne ne se
méprenne sur la direction morale de ce petit
livre. Mais ils ne sont nullement essentiels à la
méthode que j'ai choisie, et c'est de mon rêve,
non de ma certitude, qu'ils font partie. Je n'ai pas
pris ces images comme guides de ma vie car ce
n'est pas sur des symboles, ni sur des compa-
raisons, ni sur des conjectures mouvantes qu'il
nous faut asseoir, comme sur un roc, la raison
de vivre.

***

LE RÊVE POSSIBLE

Le rêve est étranger à notre vue du monde et des hommes, mais il ne nous est pas interdit. Nous ne pouvons le mêler à ce qui nous semble la vérité, car ce serait une tricherie. Qui pourrait nous en vouloir de ne le point bannir de notre imagination?

Nous sommes si attachés à la vie malgré ses misères, que la seule pensée que dans quelques millions de siècles l'humanité, et par suite la vie pensante telle que nous la connaissons pourrait cesser d'exister, nous effleure comme un malaise. Nous sommes insatiables d'éternité.

Personne au monde ne saurait nous en procurer la certitude scientifique.

Mais voici comment j'imagine le paradis. L'humanité marche depuis trois ou quatre siècles à pas géants. Elle asservit la nature. Il lui faudra plus de temps pour se dompter elle-même, ou, si on préfère, pour s'élever d'un degré. Cependant, le progrès matériel peut influencer, au cours des générations, le progrès moral. Un homme qui vole dans les airs est meilleur, sans qu'il s'en doute, qu'un homme qui ne s'élève pas. En tout cas, son fils ou son petit-fils recueillera un bénéfice intérieur de cette nouvelle conquête. On peut imaginer que les trépidations des chemins de fer finiront par dominer les haines entre les nations, et nous marchons vers une société de plus en plus « associée, » dont l'organisme compliqué finira par introduire de force dans notre esprit cette vérité féconde, que l'individu n'est rien qu'un moment de la vie humaine.

Le progrès moral, qui n'est pas évident quand on ne considère qu'une vingtaine de nos étapes à travers les siècles, semble moins chimérique, si on se reporte à deux ou trois mille ans en arrière. Nous avons donc quelques bonnes raisons d'espérer, et dans huit à neuf cent mille années (peut-être moins, peut-être plus), c'est-à-dire dans un laps de temps bien court si on le compare à l'éternité, l'homme sera peut-être plus éloigné de ce qu'il est à l'heure actuelle, que le Cafre ne l'est du singe supérieur. Ce demi-dieu nous l'adorerions sans doute, si nous pouvions en concevoir la réalité. Mais lui se sentira misérable, en se comparant à l'infini de son rêve.

D'ascension en ascension, il n'est pas impossible que nous parvenions au bonheur suprême, et que notre vie se fonde dans la Vie parfaite, comme la goutte d'eau dans la mer. Nous comprendrons alors que tout était nécessaire, que chaque philosophie ou chaque religion eut son heure de vérité, qu'à travers nos détours et nos errements, et dans les moments les plus sombres de notre histoire, nous avons aperçu le phare, et que nous étions tous « prédestinés » à participer à la Lumière Eternelle. Si ce Dieu que nous retrouverons possède un corps (et nous ne pouvons pas concevoir un Dieu vivant qui n'ait pas de corps), nous en serons une des cellules conscientes, en même temps que les myriades de races écloses dans des myriades de soleils. Si ce rêve s'accomplissait, c'est qu'un océan d'amour battrait nos rivages et que le but de toute vie serait d'ajouter une goutte d'eau à son infini.

*_**

PARABOLES ET IMAGES

Ce qui est éternel ce n'est pas le Colisée dont les pierres s'effritent; ce qui est éternel : c'est la moisson d'or dont le germe s'éveille au printemps; ce qui est éternel : c'est la vie.

*
* *

· Un petit chat vient de mourir. Ses pattes blanches se sont raidies. Son corps gracieux et gai s'est transformé soudain en loque puante. Est-il bien mort? Ne s'éveille-t-il pas plutôt à l'instant pour un nouveau régal de jeunesse?

*
* *

Un petit enfant vient de mourir. Il dort tout blanc, parmi les fleurs blanches, et les anges semblent le faire sourire. C'est le dernier rayon de la vie pensante attardée. Ne dites pas qu'il va ressusciter autre part, dans un monde meilleur ou sur cette terre. Ne dites pas que son âme s'est envolée. Il continuera de vivre après un court instant de sommeil. Pour lui comme pour tous les hommes, le balbutiement joyeux recommence....

*
* *

Un vieillard vient de mourir. Pour lui la mort est la douce libératrice qui lui apporte non le repos, non le néant mais la jeunesse et la joie. Pour lui la mort est la magnifique donatrice qui lui rend tout ce qu'il a perdu et usé au bon service des hommes. Il rentre au jardin de l'enfance. Et l'enchantement des premiers ans va recommencer. Mais ce n'est pas son âme, sage ou flétrie, qui renaît dans un nouveau corps, pas plus que dans le grain de blé ce n'est une nouvelle âme qui germe. L'unité vivante, qu'on appelle par abstraction « son corps et son âme » date de temps plus anciens et n'est jamais morte....

*
* *

Cent mille hommes sont morts de la peste noire. Le lendemain de ce jour l'embryon qui les fit naître s'est retrouvé dans le sein d'une seule femme. Après un sommeil de quelques heures, les cent mille hommes sont rentrés dans la vie ou plutôt ne l'ont pas quittée, puisqu'il continuait à reverdir l'arbre auquel ils sont attachés.

*
* *

L'humanité est pareille à un fleuve composé de milliards de gouttes. Qu'il grossisse ou qu'il diminue, il reste le même fleuve.

*
* *

L'humanité est semblable à un arbre qui ne connaît pas l'hiver et dont le feuillage à la fois sèche et bourgeonne. Nous ne sommes pas la feuille qui tombe mais la sève toujours en fermentation. Dès qu'elle est détachée, la feuille est une étrangère pour l'arbre. Il en est de même de notre cadavre qui n'a plus rien de commun avec nous-même et qui est aussi irréel à nos yeux que l'âme privée du corps.

✦[✦]✦

Un menuisier fabriqua deux tables en sapin, de même taille et vendit l'une à un client. Celui-ci partit le même jour pour l'Amérique. Entre temps, le menuisier avait prêté à un ami la table vendue, qui échoua dans un cabaret. Quand le client rentra d'outre-mer, au bout de six mois, il vint réclamer son meuble.

— « Je l'ai mise en dépôt chez mon voisin, répondit le menuisier mais je vais vous la chercher à l'instant. » Il revint, rapportant une table où les pieds des verres avaient fait des ronds et les couteaux des matelots, des encoches. Un couple d'amoureux y avait inscrit leurs noms.

— Ce n'est point ma table s'écria le client. La mienne était toute neuve. Tenez la voilà, je la reconnais ajouta-t-il en désignant le meuble jumeau resté dans le magasin. » Si la table endommagée avait pu parler, elle lui aurait donné tort : « C'est bien moi, aurait-elle dit. J'ai un peu changé mais je suis la même, tandis que cette autre n'a rien de commun avec moi, sinon qu'elle a ma taille et qu'elle est faite du même bois de sapin. »

La plupart des hommes parlent de la même façon et ils ont raison en apparence. Mais ils oublient, eux aussi, les ronds de verre, les encoches et même les noms d'amoureux qui se sont inscrits sur leur table. Il est vrai que si Michel-Ange y avait gravé un sonnet, ils le réclameraient comme leur propriété éternelle.

*
* *

1=1

C'est le principe abstrait des mathématiques, et la seule certitude absolue que l'humanité possède.

Des philosophes subtils sont venus nous dire : « Ce principe est vrai mais seulement dans le domaine de l'irréel, de l'idée. Dans le monde il n'existe pas deux objets identiques. Regardez au microscope deux feuilles en apparence semblables : vous y découvrirez des nervures différentes, des contours plus ou moins accentués.

« Dans la nature un n'égale jamais un. »

Un philosophe plus subtil encore pourrait répliquer :

« Ce qui est vrai dans l'espace est vrai aussi
dans le temps. Reprenez au bout de huit jours
la feuille que vous avez examinée au microscope. Elle sera toute différente. Au bout d'un
mois elle ressemblera moins à ce qu'elle était
que la seconde feuille à qui vous la compariez.

« En réalité il ne faut pas dire : *un n'égale
jamais un* mais : *un n'existe pas,* puisque tout
change dans le temps et dans l'espace. »

Et les deux philosophes subtils auront tort.

Il y a quelque chose d'identique dans les
deux feuilles vivantes : et c'est cette même chose
qui rend persistante la feuille d'il y a un mois
et la feuille d'aujourd'hui.

Un grand penseur du nom de Platon a dit :
« Ce qui est réel c'est l'idée de la feuille. » Mais
l'idée sans vie[1] n'existe pas plus que le corps
sans âme. Ce sont là des apparences ou des
abstractions.

*_**

La liberté n'est qu'une amarre attachée à
l'anneau d'une foi vivante. Si l'anneau n'existe
pas, à quoi bon raisonner ?... Nous passons. S'il
existe, il faut se hâter de le rendre plus solide,
pendant les eaux basses. Quand le torrent gron-
dera, il serait trop tard. L'anneau pour moi,

---

1. Les mathématiques elles-mêmes n'existent que pensées
par un cerveau vivant.

c'est l'avenir de l'humanité, qui est mon avenir.

***

L'acte est toujours un fruit nécessaire : mais nous pouvons jardiner, pendant le printemps. — La croyance au déterminisme crée la liberté : c'est elle qui nous permet de préparer patiemment l'effort nécessaire, de façon à le réaliser au moment voulu : le potentiel ainsi emmagasiné finit toujours par se retrouver.

***

L'humanité est la compagne des solitaires : c'est pour cette raison qu'ils deviennent grands.

***

D'abord tâtonner longtemps pour connaître toutes les bornes : puis se concentrer longuement pour faire jaillir en soi le maximum de puissance humaine. Enfin se donner, furieusement, dans l'espoir que de tout ce potentiel il naîtra un peu d'énergie.... Voilà le rêve. Mais qui peut le réaliser ?...

***

QUELQUES PENSÉES SUR LA VIE
ET SUR LA MORT

La mort et la vie : deux amants qui se mêlent
et qui s'enlacent sans jamais arriver à se séparer. Il y a de la vie dans la mort et de la mort
dans la vie mais jamais de vie sans mort ni de
mort sans vie.

*_**

Tout brûle dans l'univers depuis le soleil jusqu'au microbe, et le soleil lui-même n'est que
le microbe de Dieu.

*_**

Notre vie est un point sur une ligne compo-
sée d'un nombre infini de points. Où va cette
ligne?

*_**

Notre pensée vivante est un point dans un
domaine composé d'un nombre infini de pensées mais qui recueille l'héritage de quelques
points antérieurs.

*_**

L'embryon ne produit pas le progrès moral
pas plus que le cerveau ne produit la pensée.
Ce sont les résultats que l'embryon fixe et qu'il
rend définitifs de même que les rythmes de la
substance grise conservent notre effort intellectuel. Si notre pensée était pure, elle papillonne-
rait éternellement. L'embryon est en quelque
sorte la balance inflexible de nos vies passées.

***

Les plus hautes cimes de la pensée se sont
soulevées sous l'effort organique des plus profondes douleurs.

***

Le dernier mot de la pensée humaine c'est la
symphonie qui plonge aux sources de l'être
jusqu'à l'inconscient. Kant est l'abstraction,
Beethoven est la vie. Il dépasse la raison pure
parce qu'il l'incarne et parce que dans notre
chair reposent tous les envols des siècles pas-
sés, toutes les promesses des siècles futurs.

***

Il vient le temps où la petitesse de la terre
nous fera souffrir, où notre spleen creusera des
puits pour chercher le secret de ses entrailles
et où nous battrons des ailes dans notre atmos-
phère étroite, contre la vitre transparente de
l'éther et vers les étoiles.

La cage où notre raison tourne en rond est petite, et nous nous heurtons sans cesse aux mêmes barreaux.

Il est possible de s'en échapper par l'instinct et par le nombre.

*_**

Les socialistes se trompent quand ils réclament *avant tout* la journée de huit ou quatre heures. C'est l'éducation intégrale jusqu'à dix-huit ans qu'ils devraient chercher à obtenir. *D'abord* se muscler l'esprit et le corps en liberté.... L'égalité se ferait ensuite.

*_**

Notre intérêt personnel nous conduit à la suppression de toute aristocratie trop privilégiée, même si nous faisons partie d'une d'elles pendant une minute de l'éternité.

*_**

Fuyez les désirs — morale d'eunuque.

*_**

Si la civilisation européenne disparaît un jour, c'est qu'elle aura trop sacrifié au prix absolu de la vie humaine. Elle périra alors victime de son individualisme jouisseur et émasculé.

*_**

Le bonheur c'est l'équilibre moral. J'ai trouvé le bonheur en associant mon sort à celui des hommes. Quoiqu'il arrive, pour moi la partie n'est pas perdue. C'est l'humanité qui la joue et je lutte pour qu'elle la gagne.

**

Le salut est en nous, a dit Tolstoï. Non. Il est devant nous. Nous ne courons plus au fossé, nous marchons tranquillement vers l'aurore, guidés par les meilleurs d'entre nous.

**

Les criminels, des malades, des fous ? Parfois, mais toujours des carnassiers en ménagerie qui parviennent à s'évader. Rien de plus lâche qu'un lion en cage et qu'un homme civilisé. Si le naturel dompté par la peur se révolte, le crime survient avec la rapidité d'un réflexe. Deux barrières pour l'arrêter : l'échafaud ou la foi, quelle qu'elle soit, dans la valeur de la vie.

**

Le suicide est le premier devoir de l'homme qui se sait irrésistiblement criminel. Mais il y a peu de chances qu'il le remplisse.

**

L'absinthe et l'internat : double pépinière de

rebelles et de fonctionnaires où la volonté
s'exaspère ou s'atrophie. Pour guérir notre
peuple, il faut une éducation libertaire, des
jeux durcissant ses muscles, une foi vive et
peut-être un homme le menant vers cette foi.

.

« Le cerveau secrète la pensée comme le rein
secrète l'urine, » a dit Voigt le grand savant de
Genève.

Mais l'urine subsiste en dehors du rein, et la
pensée n'est rien en dehors du cerveau qui la
pense ou qui la repense.

Le matérialisme repose sur une abstraction
tout comme le spiritualisme. Il n'y a pas plus de
cerveau sans pensée que de pensée sans cerveau. L'esprit et le corps sont un.

.

Une loi unique explique les causes et déter-
mine les buts : loi d'attraction et d'expansion
en physique, loi de gravitation et de rayonne-
ment en astronomie, loi de nutrition et de reproduction en biologie, volonté d'être et de se
donner chez l'homme[1].

1. A consulter la synthèse géniale de Raoul Pictet dans
« Etude critique du matérialisme et du spiritualisme par la
physique expérimentale. »

Dieu, le monde et nous, ce triple mystère se résout dans une seule formule : durer pour aimer.

**

Les astronomes ont calculé la distance qui sépare la terre du soleil. Elle est considérable. Et cependant elle est nulle, dans un sens; car un rayon de soleil, c'est encore le corps du soleil projeté dans les espaces, et ses ondes lumineuses nous enveloppent. Dieu est plus loin que le soleil, et nul ne peut en calculer la distance, mais il est plus près aussi et sa pensée vivante ne nous enveloppe pas seulement : elle nous pénètre.

**

Il est des moments où les vibrations des cellules de notre cerveau correspondent au rythme de Dieu, et ce phénomène s'accomplit en particulier quand notre plénitude d'être se donne.

**

La fin de toutes les religions, de toutes les philosophies, de toutes les psychologies est de chercher la raison de vivre. La méthode peut différer, et de même les conclusions. Mais l'homme a besoin d'une certitude librement choisie, sans quoi il se décourage et s'affaisse.

Rien n'est insupportable comme de ne pas savoir où l'on va, quand la promenade n'est pas
plaisante, et rien n'est plus douloureux qu'une
vie manquée pour toujours. Le but de ce livre
est de montrer à quelques-uns que leur vie
n'est jamais manquée. Heureuse ou non, elle
n'est qu'une minute qui passe dans le siècle de
leur devenir.

[*]

Il serait infiniment intéressant de connaître le
mouvement encéphalique qui a « secrété » le *Discours sur la méthode* comme disent les matérialistes et qui *est* en réalité le *Discours sur la
méthode* lui-même considéré sous l'aspect de
la *quantité*. Mais il serait plus intéressant en-
encore pour nous de découvrir le sens psychologique des ellipses décrites par les planètes autour du soleil. Il n'est pas prouvé le moins du
monde que ces mouvements célestes ne soient
pas une pensée, sous l'aspect de la *qualité*. La
preuve la plus évidente de notre infirmité intellectuelle c'est que nous n'arrivons jamais à
saisir en même temps les deux faces de la
même réalité.

[*]

J'ai idée que ce petit livre, signé d'un autre
nom mais toujours écrit par moi-même et —

qui sait? — en langue chinoise, aura quelque
succès dans un ou deux siècles. Car les mêmes
vérités doivent être répétées un certain nombre
de fois avant de prendre un visage aimable et
familier. Nous ne les adoptons que lorsqu'elles
sont devenues nos vieilles parentes et lorsque
de plus jeunes idées songent déjà à les rempla-
cer dans notre affection.

***

J'ai mis dix ans à penser cet opuscule et dix
ans à chercher à le rendre plus intelligible. Je
m'en humilie comme d'une preuve de faiblesse.
Mais il serait cependant exagéré de vouloir saisir tout mon effort en dix minutes. — Que celui
qui ne l'a pas compris, me pardonne ! C'est
qu'il possède en son cœur une vérité plus précieuse
encore que la mienne. Moi, j'ai écrit pour ceux
qui ne savent plus où aller et pour leur montrer
le chemin qui m'a ramené.

FIN

LA ROCHE-SUR-YON. — IMPRIMERIE CENTRALE DE L'OUEST.

9 7 8 2 0 1 2 8 2 6 0 4 5